나, 세네갈로 출근하고 올게

송서현

숯

MON EXPÉRIENCE PROFESSIONNELLE AU SÉNÉGAL

차례
SOMMAIRE

	시작하며 — 나는 세네갈의 그래픽 디자이너	6
Chapitre 01 나의 첫 직장은 어디에	포트폴리오는 애매하고	12
	아프리카를 향해 한 발 내딛다	15
	세네갈이라는 선택지	17
	첫 번째 아프리카, 마다가스카르 안타나나리보	20
	기회의 땅으로 갈 티켓을 쥐다	22
	두 번째 아프리카, 세네갈 다카르	24
	🍃 잠깐, 흑인 가발 용어 알아보고 갈까?	28
Chapitre 02 다카르로 세네갈 상공아	드디어 기다리던 내 인생의 첫 출근	38
	가발 디자이너? 아니 그래픽 디자이너!	41
	그곳에서 지낼 만해?	43
	슈퍼도 골라가는 재미	46
	프랑스어도 다 같은 프랑스어가 아니야	48
	언어는 기세!	51
	앗살라무 알라이쿰? 알라이쿠뭇 살람?	56
	출근길은 언제나 예측 불가	59
	낯섦이 익숙함으로 변해가는 시간들	64
	🍃 회사 밖에서는 이렇게 놀아 (1) 일상과 여행 사이	68

첫 미션, 모델 사진을 찍어라	76
출장은 처음이야	79
패키지 디자인, 너를 어떻게 하면 좋을까	83
첫 월급으로 무엇을 할까	86
리브랜딩과 신제품 출시	88
포스터를 꺾어서 붙인다고!?	93
일하며 만나는 이곳의 일상	96
어질어질, 첫 실수, 첫 인쇄 사고	102
나의 당연함이 모두의 당연함일 수는 없다	106
라마단? 꼬리떼?? 따바스키???	110
땅콩과 참치회를 나누고 생일 축하를 하는 회사	113
회사 밖에서는 이렇게 놀아 (2) 세네갈 속 중국, 일본, 이탈리아	116

Chapitre 03 1년차, 아직 생초보

드디어 나에게도 후배가!?	126
협업하며 함께 성장하기	129
의견 조율은 역시 쉽지 않아	132
아프로헤어와 지속 가능성	136
이번 카탈로그의 주인공은 바로... 두구두구두구	140
꾸준하게, 자신 있게	143
가발, 더 다양한 제품은 없는 거니?	146
회사에서 만나는 키득키득 순간들	149
회사 밖에서는 이렇게 놀아 (3) 나를 위한 영감 충전소	158

Chapitre 04 2년차, 노련한 경력직

그림으로 담아가는 세네갈	166
세네갈을 좋아하는 사람들과 좋아하는 것으로 연결되다	170
나의 다음 스텝은 어디일까?	173
첫 번째 회사, 첫 번째 퇴사	176
드디어 다가온 마지막 출근 날	179
세네갈이 바꾸어준 몇 가지	184
프랑스에서 마주치는 세네갈	190
회사 밖에서는 이렇게 놀아 (4) 내 옷장 속 세네갈	194

Chapitre 05 새로운 스텝으로 나아가다

마치며 — 디자이너로 향하는 길은 여전히 쉽지 않고	202

시작하며

나는 세네갈의 그래픽 디자이너

친구가 해외에서 취업한다고 하면 어떤 생각이 들까? 그곳이 흔히 유학이나 취업으로 많이 가는 미국이나 유럽 등이 아니라면? 내가 해외, 그것도 아프리카 세네갈로 취업했다고 하자 친구들은 깜짝 놀라며 다양한 질문을 던졌다. 그 나라에 왜 가는지, 가서 무슨 일을 하는지, 살기는 괜찮은 건지, 언어는 어떤지, 갔다가 언제 돌아올 건지 등등. 분명 미국이나 유럽이었다면 조금 다른 질문을 받았을지도 모르겠다.

아프리카 세네갈. 한국에서 나고 자란 내가 생각해도 뜬금없는 선택이었다. 어떤 면에서는 도피처럼 보였을지라도 한순간의 객기는 아니었다. 좋은 디자이너로 한 단계 성장해서 오겠다는 두 주먹 불끈 쥔 다짐에서 비롯된 생각이었고, 그곳에서 무엇을 얻을 수 있을지 냉정하고 꼼꼼히 따져 결정한 길이었다.

나는 흑인 가발을 제작하는 한국 회사에 입사해 세네갈로 파견되어 그래픽 디자이너로 일했다. 가발 분야도 생소한데 흑인 가발이라니. 더군다나 세네갈이라니. 낯선 나라에서 그래픽 디자이너로 일하는 하루하루는 말해 무엇하겠는가. 당연히 힘들었다. 하지만 대부분 흥미진진했다. 학생에서 벗어나 사회 초년생으로 진짜 세상 돌아가는 일에 참여하고 있다는 기분도 썩 마음에 들었다. 열심히 일하고 퇴근해서 바다를 보고 그림을 그리며 보낸 2년의 시간. 그 시간은 이제 나를 소개할 때 빠지지 않는 내 일부가 되었다. 그리고 다시 나를 프랑스 리옹으로 이끌어주었다.

세네갈에서 디자이너로 일했다고 하면 다들 놀란 얼굴을 한다. 그 정도로 흔하지 않은 선택지였지만, 그곳에서 사회 초년생으로 좌충우돌 고군분투한 이야기가 이 책을 읽는 분에게 새로운 도전을 위한 용기의 계기가 되었으면 좋겠다.

프랑스 리옹에서
송서현

나의 첫 직장은 어디에

Chapitre 01

포트폴리오는 애매하고

나는 한 대학에서 시각디자인학과를 전공했다. 학과 역사도 길고 다른 학교보다 인원도 많은 학교였다. 그래서 이 분야에서 잘나가는 사람도, 그렇지 못한 사람도 우리 학교 졸업생이라고 했다. 뭐, 틀린 말은 아니다. 뜬금없이 아프리카로 취업한 나도 그 스펙트럼 어딘가에서 앞으로 나아갔다가 한발 물러서기도 멈추기도 하면서 걷고 있으니.

학생 때 일러스트레이션에 관심이 많았던 나는 학과의 다양한 세부 분야 수업 중 일러스트레이션을 선택했다. 동기들이 UX UI, 브랜딩 포트폴리오를 착실히 쌓아갈 때, 어떻게 하면 매력적인 스토리텔링을 쌓을 수 있을지 고민하며 일러스트레이션 작업을 하고 실력을 닦았다. 졸업 프로젝트도 일러스트레이션으로 했다. 그럼 이제 일러스트레이터로 데뷔하면 될까? 현실은 녹녹하지 않았다. 데뷔하자니 혼자 설 능력과 용기가 부족했다. 그렇다고 디자이너의 길을 가자니 공모전이나 인턴 경험도 없어 포트폴리오에 넣을 작업이 부족했다. 이렇게 나는 준비되지 않은 애매한 상태로 졸업을 맞았다.

취업을 준비하며 사람들이 왜 이때가 힘들다고 하는지 절실히 느꼈다. 포트폴리오를 손보고 지원동기서를 써서 회사에 보내도 늘 돌아오는 건 무응답 혹은 거절의 메일. 그나마 거절 메일이라도 오면 감사하게 생각해야 할 정도였다. 그럼에도 굴하지 않고 다시 새로운 문을 두드렸지만, 사실 이번 문이 열릴지조차 확실하지 않았다. 계속되는 좌절에 나 자체에 문제가 있나, 하는 생각마저 들었다. 부족하다고 알고 있었지만 내 포트폴리오가 그렇게도 모자란가? 지금부터라도 포트폴리오를 채우자고 프로젝트를 찾아 작업하기에는 시간이 없었다. 마음이 초조했다. 그래도 손 놓고 있을 수만은 없으니 그동안의 그래픽 디자인 결과물을 긁어모아 포트폴리오를 보완해 가며 구인구직 사이트를 열심히 헤맸다.

'마지막 하나만 더 보내고 자야지.'

어느 날 평소처럼 이렇게 생각하며 구인구직 사이트를 떠돌고 있었다. 그러다 한 디자이너 채용 공고에 손이 멈추었다. 본사가 한국에 있는 흑인 가발 회사의 아프리카 세네갈 파견 디자이너 공고였다. 이상하게 구인 내용보다 '아프리카 현지 파견 근무'라는 말에 묘하게 설레였다. 그러면서 희망 회로를 돌리기 시작했다. 합격하면 아프리카로 가야 하는데 지원자가 많을까? 아프리카에서 지낸 경험이 있는 나라면 조금 유리하지 않을까? 만약 붙으면 전혀 다른 환경에서 새로운 세계가 펼쳐지겠지? 기대감으로 부풀었다.

아프리카를 향해
한 발 내딛다

취업 준비로 지리한 나날을 보내며 몇 군데 면접을 보았다. 면접에서는 우리 브랜드에 대해 어떻게 생각하는지, 제품에 어떤 개선점이 있을지 등 질문을 받았다. 그때마다 나는 스스로 생각해도 참 부족한 답변만 늘어놓고 돌아오곤 했다. 그리고 다시 구인구직 사이트를 떠돌았다. 다음에는 더 꼼꼼하게 준비하겠다는 다짐만 반복하면서.

그러다 아프리카 현지 근무 디자이너 공고를 발견했다. 그동안 지원하는 회사 수에 비해 서류 심사를 통과하는 횟수가 적었다. 그래서 이번에도 '되겠어?'라는 약간은 부정적인 생각과 '만약 붙으면 출국 준비해야겠네.'라는 약간은 희망적인 생각을 품고 이력서를 넣었다.

다행히 며칠 뒤 면접을 보러 오라는 연락이 왔다. 구인구직 사이트에서 이 공고를 보았을 때 지원자 수가 적었던 게 기억났다. 내심 면접은 볼 수 있지 않을까 기대했던 만큼 기다리던 전화였다.

'오랜만의 면접이네.'

정장을 입고, 포트폴리오를 들고 면접 장소로 향했다.

면접은 지금까지 보아왔던 디자이너 면접과 사뭇 달랐다. 디자인 실력이나 포트폴리오에 관한 이야기보다 아프리카에서 일하는 게 괜찮을지 물어보는 질문이 대부분이었다. 나는 이미 1년 동안 아프리카에서 지낸 경험이 있었으므로 오래 안정적으로 일할 수 있다고 강조했다. 아프리카로 파견할 직원을 뽑아야 하는 한국 회사 입장에서는 이 점이 어쩌면 가장 중요할지도 몰랐다.

채용 공고의 업무 내용에는 디자인 관련이라고만 간략하게 적혀 있었다. 그래서 디자이너가 담당하는 업무가 구체적으로 무엇인지 질문했다. 마침 테이블에 모델 사진이 들어간 탁상 달력이 있었다. 면접관은 그 달력을 툭 치며 말했다.

"이런 거 만들어요."

오……나 여기서 일해도 괜찮겠지?

세네갈이라는 선택지

내가 몇 안 되는 취업 선택지에 세네갈이라는 나라의 이름을 올릴 수 있었던 데는 이유가 있었다. 첫 번째는 구인 광고의 업무 내용을 보았을 때 당시 내 부족한 포트폴리오만 가지고도 도전해볼 만하다고 판단했기 때문이었다. 공고 업무 설명에는 아주 간단하게 디자인 업무를 담당한다고만 적혀 있었다. 패키지, 포스터 등 인쇄물을 주로 다루는지 웹사이트나 SNS용 이미지와 콘텐츠를 만드는지 아니면 둘 다 하는지 구체적으로 적을만도 한데 뭉뚱그려 디자인 업무라니. 참으로 비밀이 많은 공고였지만, 한편으로는 자격요건이 까다로운 공고보다 허들이 낮아 보였다. 그리고 한국에 있는 디자인과 졸업생이 보통 희망하는, 일반적으로 '좋은' 회사라고 불리는 대기업과는 환경과 조건이 아주 달랐다. 프랑스어권 아프리카 현지 근무. 한국을 거점으로 활동하는 디자이너라면 흥미로워하지 않을 만한 조건이었다. 오히려 그렇기 때문에 아프리카에서 살아본 경험도 있고 프랑스어도 할 수 있는 나에게 유리한 조건이기도 했다. 그리고 나는 불안하기만 한 취업 준비 기간을 늘리기보다 지금 나에게 찾아온 기회 속에서 발전하자는 선택을 했다.

두 번째로 나는 전부터 흑인 뷰티 패션 분야에 관심이 있었다. 아두트 아케치(Adut Akech) 등 흑인 모델의 SNS를 팔로우하고 그들이 지닌 고유한 매력을 자주 찾아보고는 했다. 그러한 관심이 흑인 가발 회사라는 표현에 시선을 멈추게 했을지도 모른다.

마지막으로 이미 봉사활동으로 1년 동안 아프리카 마다가스카르에서 생활한 경험이 있었다. 그러니 이번이 아프리카로 가는 첫 도전도 아니었다. 그때 경험으로 아프리카라고 허허벌판이나 정글만 있지 않고, 카페나 쇼핑몰 등 여가를 즐길 곳도 많으며, 있을 건 다 있다고 알고 있었다. 오히려 섬나라인 마다가스카르에서 살아서인지, 언젠가 한 번은 아프리카 대륙도 밟아보고 싶었다. 또한 마다가스카르에서는 현지어와 함께 프랑스어를 사용했으므로 어느 정도 의사소통도 가능해 프랑스어로 일하는 환경에서 지내보고 싶었다.

    내가 지금 잡을 수 있는 기회에서 최선을 다하자는 주먹 쥔 다짐과 프랑스어권 아프리카에서 살아보고 싶은 막연한 바람이 뒤섞여, 나는 세네갈이라는 선택지를 집어 들었다.

첫 번째 아프리카,
마다가스카르 안타나나리보

잠시 시간을 과거로 돌려 마다가스카르 이야기를 해보자. 학교에서 일러스트레이션 수업을 들으며 그림책을 만드는 데 한창 흥미를 느낄 때였다. 오랜만에 한 지인을 만났는데 아프리카 마다가스카르에는 어린아이들이 볼만한 그림책, 특히 현지어로 된 그림책이 많이 없다는 이야기를 들었다. 그리고 1년 정도 현지에서 지내며 봉사할 수 있는 프로그램이 있다는 사실도 알게 되었다. 마침 휴학하고 할 일을 찾던 참이었기 때문에 아프리카라는 낯선 나라에서 내 일러스트레이션 실력을 살려 좋은 일을 할 수 있을 듯했다. 아주 보기 드문 기회였기에 바로 자원봉사에 지원해 마다가스카르로 향했다.

    마다가스카르는 아프리카 대륙의 동쪽에 있으며 면적이

남한의 6배 정도다. 비행시간만 17시간 이상 걸리고 두 번이나 환승해야 갈 수 있다. 봉사로 가지만, 그래도 아프리카라니! 한국과 지리적, 문화적으로 먼 나라에서 무엇을 보고 배울 수 있을까? 그곳으로 향하는 비행기에서 가슴이 두근거렸다. 그렇게 마다가스카르에 도착해 1년 동안 초등학교에서 미술 수업을 진행했다. 그리고 이 나라로 향했던 이유였던 그림책을 만들어 학생들에게 전해주었다.

그런데 귀국할 즈음, 이런 생각이 들었다. '아프리카 대륙을 밟아보고 싶다.' '프랑스어권 나라에도 가보고 싶다.' 마다가스카르가 섬나라여서 그리고 프랑스어와 현지어인 말라가시어를 사용해서 이런 욕망이 생겼을지 모른다. 봉사에서는 어린 학생들과 자주 만났기 때문에 프랑스어보다 현지어 위주로 배워 생활했다. 그렇지만 레스토랑이나 마트에서는 어학 애플리케이션으로 조금씩 공부하며 익힌 프랑스어를 사용했다. 그러면서 아프리카 중에서도 프랑스어를 사용하는 나라에 관심이 생겼고 그런 곳에서 생활한다면 어떨지 하는 데까지 생각이 미쳤다.

마다가스카르에 갈 때 품었던 우연하고 막연한 마음이, 이번에는 아프리카 대륙의 프랑스어권 나라로 가고 싶다는 구체적인 마음으로 내 안 어딘가 자리 잡고 있었다.

기회의 땅으로 갈 티켓을 쥐다

면접을 보고 며칠이 흘렀다. 친구를 만나 점심을 먹는데 전화가 걸려 왔다. 합격했다는 연락이었다. 겨우 5분 남짓한 통화로 취업 준비 기간의 막막함이 안도감과 홀가분함으로 뒤바뀌었다. 드디어 끝났구나! 동시에 새로운 나라로 떠난다는 설렘에 마음이 부풀었다.

바로 얼마 전 면접을 봤던 테이블에서 고용 계약서에 서명했다. 여전히 테이블 위에 놓여 있는 탁상 달력을 보자 웃음이 나왔다. 그래, 이런 거 만들러 가보자!

이제 출국 준비를 해야 한다. 세네갈의 생활 정보나 주말에 갈 만한 레스토랑과 카페도 찾아보며 그곳에서 지낼 내 모습을 상상했다. 약속이 있는 날이면 메뉴 선택권은 오로지 나에게 있었다. 친구들은 당분간 한국에 없을 나를 위해 먹고 싶은 음식을 마음껏 고르도록 해주었다. 평소에는 캐주얼을 선호하지만, 직장인으로 입을 바지와 블라우스도 준비했다. 각종 생활용품에 옷가지, 전기장판과 밥솥까지 준비하니 23kg 캐리어 두 개가 되었다. 드디어 출국 날, 인천국제공항에서 가족의 배웅을 받으며 밤 비행기를 타고 세네갈로 향했다.

나의 첫 아프리카였던 마다가스카르는 태국과 케냐를 거쳐야 갈 수 있었다. 그런데 세네갈은 에티오피아에서 한 번만 환승하면 되었다. 환승 횟수만 보면 수월했다. 그런데 중간 환승 대기시간까지 합치면 총 비행시간은 25시간. 그래도 이번에는 나름 두 번째 아프리카행이라고 비행기를 타자마자 쿨쿨 자다가 기내식을 먹고 책을 읽다가 다시 쉬기를 반복했다. 그렇게 에티오피아에 도착해 두 번째 비행기로 갈아탔다. 같은 아프리카 대륙의 오른쪽에서 왼쪽으로 이동하는 거니 금방 도착하겠지 싶었는데 웬 걸. 8시간은 족히 걸렸다. 아프리카가 얼마나 넓은지 실감했다. 그러면서 머릿속에 '아프리카는 기회의 땅' '청년, 아프리카로 떠나라' 등 여기저기서 본 슬로건이 떠올랐다.

과연 나는 기회의 땅이라고 불리는 이곳에서 기회를 얻을 수 있을까?

두 번째 아프리카, 세네갈 다카르

세네갈은 아프리카 대륙 최서단으로 대서양과 맞닿아 있으며 한국보다 2배는 크다. 우기와 건기가 있고 기온은 보통 20도에서 30도 사이로 더운 편에 속한다. 11월에서 3월 사이에는 사하라 사막에서 불어오는 모래바람인 하마탄(harmattan) 때문에 하늘이 뿌얘 마스크를 써야 할 정도다. 하지만 바다와 맞닿아 있는 만큼 멋진 해변을 가졌다. 특히 수도인 다카르(Dakar)는 작은 반도 캅베르(Cap-Vert)의 끝에 위치해 일출과 일몰을 모두 바닷가에서 볼 수 있다.

    긴 비행을 마치고 도착층에서 한국인 직원을 찾았다. 그런데 이상했다. 분명 마중을 나왔을 텐데 보이지 않았다. '어라, 이러다 국제미아가 되는 거 아니야?' 이런 생각이 잠시 스

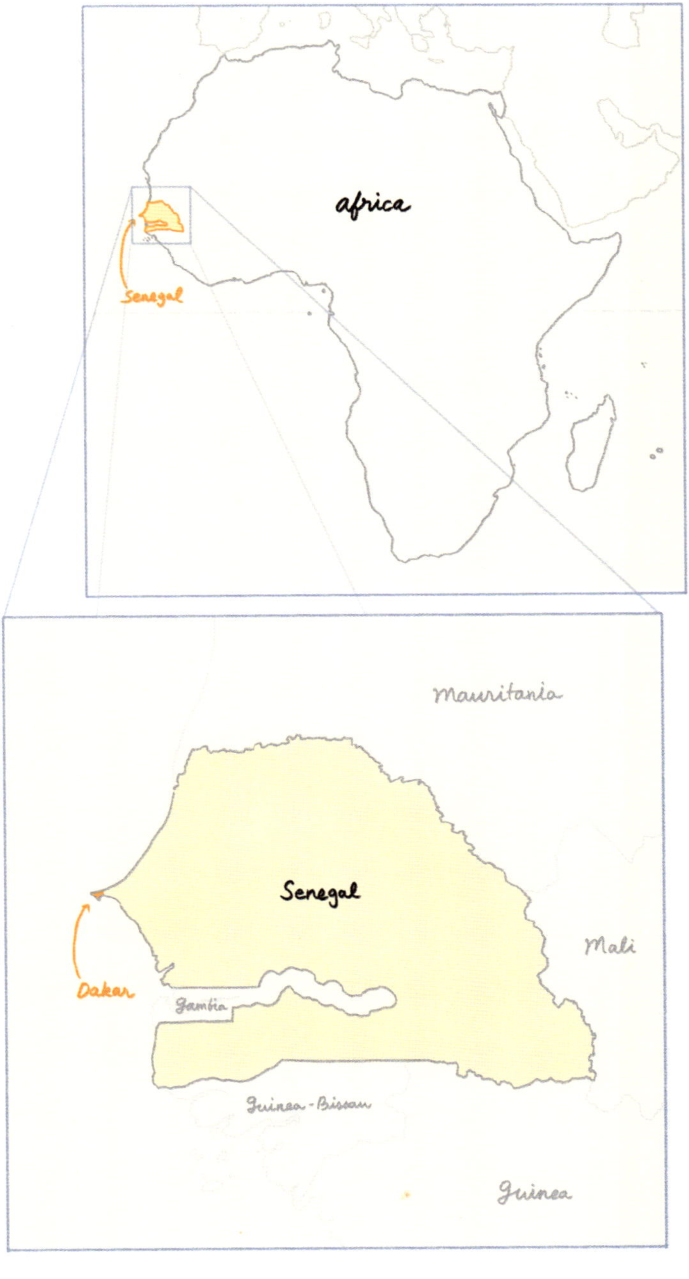

세네갈은 아프리카 대륙 어디에 있을까?

쳤지만, 일단 통신사 부스에서 유심을 사서 등록까지 후다닥 마쳤다. 그리고는 다행히도 엇갈렸던 한국인 직원을 만나 차를 타고 이제부터 내가 살고 일하게 될 다카르로 출발했다.

시내로 향하며 차창밖으로 펼쳐지는 낯선 풍경을 바라보았다. 고속도로와 하이패스가 생각보다 말끔하게 닦여 있었다. '다카르는 마다가스카르보다 경제적으로 안정된 나라인가 보구나.' 이것이 내가 느낀 다카르에 대한 첫인상이었다. 그러자 마다가스카르와는 또 다른 아프리카의 모습을 발견할 하루하루가 기대되기 시작했다.

해돋이와 해넘이를 모두 바다에서 볼 수 있는 다카르

거리에는 바짝 마른 듯한 야자수와 모래 먼지 쌓인 하얀색 계열의 밝은 건물이 즐비했다. 길가에는 드문드문 노점이 있었고 공터에는 축구나 조깅 등 운동하는 사람이 유독 많았다. 사람 구경, 건물 구경을 하며 얼마나 지났을까? 큼직한 하얀색 건물 앞에 차가 멈추었다. 한국에 있을 때 지도 애플리케이션 스트리트 뷰로 산책하듯 동네 구경을 해서 그런지 지금은 내가 그 스트리트 뷰 안에 들어와 있는 느낌이었다.

'여기가 이제부터 내가 살 곳이구나.'

건물을 올려다보며 생각하다 건물 경비원의 도움을 받아 짐을 옮겼다. 짐을 풀고 마다가스카르에서 가져온 작은 커튼과 물고기 모양 모빌, 한국에서 가져온 인형과 포스터로 영역 표시를 시작했다. 하얗게 텅 빈 벽으로 둘러싸인 낯선 공간을 나에게 익숙한 것들로 채워갔다. 그러는 사이 마음이 한결 편안해졌다. 드디어 세네갈살이의 시작이다!

낯선 곳을 익숙한 곳으로 바꾸어 줄 물건들

잠깐, 흑인 가발 용어 알아보고 갈까?

콘로우 cornrow

이제부터 이 책에 자주 등장할 가발 용어를 소개할까 해. 먼저 콘로우부터. 콘로우는 자기 머리를 두피에 밀착해 직선적인 디자인 혹은 곡선적인 디자인으로 땋는 스타일을 말해. 콘로우 그 자체로도 스타일이 완성되지만, 붙임머리인 브레이드를 이어서 땋거나 가발인 위빙 헤어를 착용하기 위한 바탕에 사용할 때도 있어.

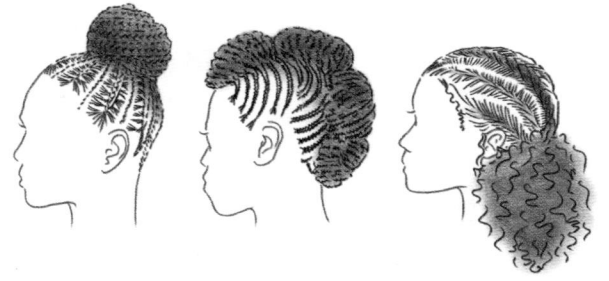

다양한 콘로우 룩

브레이드 braid

브레이드는 자기 머리와 붙임 머리를 같이 엮어서 세 갈래 혹은 두 갈래로 땋는 스타일을 말하는데 스타일명이 제품명이 되기도 해. 착용에 3-4시간 정도 걸리고, 짧게는 며칠, 길게는 한 달 이상 사용할 수 있지. 단발로 짧게 혹은 길이가 긴 제품으로 엉덩이까지 닿게 연출할 수 있어. 오래전부터 많이 사용해온 기본 제품으로, 액세서리를 추가하거나 땋는 방법에 따라 무한한 스타일 변주가 가능해.

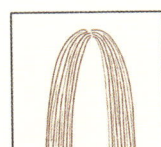 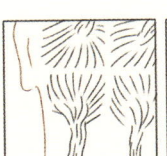  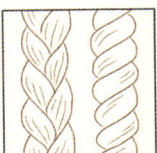

위빙 헤어 weaving hair

콘로우로 땋은 머리카락과 가발인 위빙 헤어 제품을 실과 바늘로 엮어 완성하는 헤어스타일을 말해. 제품 스타일에 따라 생머리, 웨이브 등 선택할 수 있어. 이미 스타일링이 된 헤어 피스를 연결하니까 하나하나 다 땋는 브레이드보다 짧은 시간에 완성할 수 있지. 브레이드와 마찬가지로, 관리 방법에 따라 한 달 이상 착용할 수 있어.

  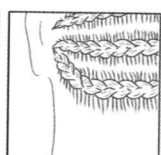 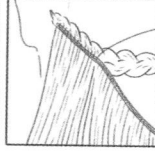

크로셰 브레이드 crochet braid

적은 시간으로 완성되는 위빙 헤어의 장점을 가진 헤어피스 제품이야. 콘로우한 머리카락에 이미 스타일링이 된 제품을 엮는다고 할 수 있지. 위빙 헤어와 차이는, 위빙 헤어가 콘로우를 선적으로 연결하는 것과 달리, 크로셰 브레이드는 점으로 땋은 머리와 연결해. 일반 브레이드처럼 세 갈래, 두 갈래로 땋는 모양도 있지만, 자연스러운 질감이 매력적인 록스(locs) 스타일의 제품이나 컬이 들어간 제품 등 다양한 스타일이 있어.

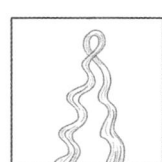 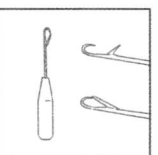 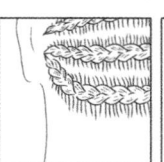 

우당탕탕 세네갈 적응기

Chapitre 02

드디어 기다리던
내 인생의 첫 출근

세네갈은 한국보다 시차가 9시간 늦다. 한국에서 세네갈로, 지구 오른쪽에서 왼쪽으로 이동했더니 도착한 날은 일찍 잠이 쏟아졌다. 그 반대 방향으로 갔다면 밤늦게까지 괴로워했을 텐데 금요일에 도착한 나는 첫 주말 동안 아무 문제 없이 시차에 적응했다.

월요일 아침 떨리는 마음으로 첫 출근 준비를 했다. 편하게 입고 출근하면 된다고 들었지만, 정장까지는 아니더라도 깔끔하게 흰 셔츠에 검정 바지를 입었다. 가방을 챙기고 사택 앞으로 나갔다. 회사까지는 한국 직원끼리 한 차를 타고 같이 출근하도록 되어 있었다. 벌써 차에 타 있던 몇몇 직원들과 공식적인 인사 전에 먼저 어색한 인사를 나누었다. 모두 앞만 바라보고 있었기 때문에 눈 마주치며 이야기하기는 힘든 상태였지만, 시차 적응은 잘했는지, 밥은 잘 먹었는지 같은 가벼운 대화가 이어지다 이내 정적이 흘렀다. 그런데 이상하게 냉랭한 정적이라기보다 이른 아침의 고요함으로 느껴졌다. 잠깐의 대화였지만, 실수는 하지 않았는지 떠올려 보았다. 그리고 나중에 사무실에서 정식으로 인사할 때는 긴장하지 말고, 버벅이지 말고 잘 해보자고 다짐했다.

사택에서 회사까지는 40분 정도 걸렸다. 공단 안에 있는 회사에 접어들어 입구부터 쭉 이어진 컨테이너 트럭을 지나는데 그 규모가 엄청나 놀랐다. 분주하게 움직이는 수많은 사람 사이에서 지게차가 상자로 가득한 팔레트를 옮기고 있었다. 이것이 회사 첫 출근 날 맞닥트린 첫 장면이었다. 사회 첫 회사 생활이 이제 진짜 시작되는구나.

내가 일할 디자인 부서에 팀원은 나 하나였다. 쓸쓸했지만, 영업부 직원 아홉 명과 한 사무실을 쓰니 마냥 쓸쓸하다고는 할 수 없었다. 내 자리는 이전 디자이너가 쓰던 곳이었다. 깔끔하게 정리된 책상 위에 컴퓨터, 프린터, 펜 몇 개가 있었고 서랍에는 카메라와 관련 장비가 들어 있었다. 낯선 공간에 익숙함을 주입하기 위해 동생이 준 작은 그림엽서를 책상 옆에 붙였다. 컴퓨터 속 파일과 컴퓨터 옆 폴더에 들어 있는 서류를 살펴보며 업무를 멋지게 해갈 미래를 상상했다.

영업부 직원의 안내를 받으며 각 부서를 돌면서 한국 직원과 세네갈 직원에게 한국어와 프랑스어로 번갈아 가며 인사했다. 옆 건물의 자재부 과장님은 반갑다며 서랍에서 다방 커피 스틱을 꺼내 건넸다. 따뜻한 커피를 받아 마시며 회사에 대한 설명을 들었다. 나도 이제 다방 커피 스틱을 마시는 직장인이라니.

가발 디자이너?
아니 그래픽 디자이너!

"가발 회사 디자이너라면 가발을 디자인하는 거야?"
"에이, 설마."

내가 입사한 회사는 한국 회사지만, 흑인 여성을 위한 제품을 만든다. 그리고 나는 이곳에서 가발 디자이너가 아닌, 그래픽 디자이너다. 가발과 관련해 그래픽이 필요한 곳이라면 다 내 손을 거친다. 제품 출시를 위해 모델 사진을 찍고, 패키지를 만들고, 홍보를 위한 포스터와 SNS 이미지를 준비한다. 제품 출시 후에는 헤어 살롱에 방문해 콘텐츠 촬영을 한다. 솔직히 일이 많은 편은 아니었다. 그렇지만 신입인 데다가 여러 일을 혼자 담당하기 때문에 익숙해지는 데 시간이 오래 걸렸다.

사무실은 공장 옆에 있었다. 그래서 나가면 바로 제품 제조 과정을 볼 수 있었다. 이 점은 제품 샘플을 현장에서 바로 넣어볼 수 있어 패키지 작업을 할 때 도움이 많이 되었다. 아직 그 어떤 옷도 입지 않은 미완성의 제품이 내 그래픽 디자인으로 완성되는 뿌듯한 순간. 그 순간을 누구보다 먼저 맞이하고 누릴 수 있었다.

비욘세나 리한나 같은 스타를 보며 이런 생각을 했다. 염색에, 펌에 저렇게 자주 헤어스타일을 바꾸는데 머릿결은 괜찮을까? 어떻게 저렇게 스타일을 빠르게 바꿀 수 있을까?

이제는 안다. 그게 다 가발이라는 것을. 내 머리로 이것저것 할 필요 없이, 원하는 스타일을 착용하면 된다는 것을. 그게 바로 가발의 매력이다. 오늘은 생머리, 내일은 웨이브, 모레는 브레이드로 화려한 이미지 변신이 가능하다.

우리 회사 제품은 흑인 여성을 위한 것이다. 그만큼 나에게는 생소하고 새로운 분야였다. 아예 모른다고 해야 정답이다. 그렇지만 오히려 그 덕분에 다양한 색상과 스타일의 제품을 직접 만지고, 배우고, 외우면서 하나하나 알아가는 재미가 있었다.

그곳에서 지낼 만해?

"세네갈은 생활하기 괜찮아?"

아프리카에 간다고 했을 때 가장 많이 들었던 질문이다. 세네갈은 근처 다른 나라에 비해 정치와 치안이 비교적 안정된 나라다. 특히 내가 지낼 동네에는 여러 나라의 대사관과 그곳 직원들이 사는 집이 있었고 호텔, 레스토랑 등도 많아 흔히 좋은 동네라고 불릴 만한 곳이었다. 세네갈로 출국하기 전 회사에서 미리 치안 걱정은 하지 않아도 된다고 안내받았다. 그리고 나는 파견 근무였기 때문에 회사에서 마련한 사택에서 지낼 예정이었다. 첫날 세네갈에 도착해 집으로 향하는데 사택 인근 건물 곳곳에 경비원이 서 있었다. 그걸 보고 역시 들은 대로 안전한 동네라고 느껴져 마음이 놓였다.

사택은 특별할 것 없이 평범했고 혼자 살기에는 넓었다. 3층짜리 공동주택에 직원 별로 독립된 거주 공간이 갖추어져 있었다. 내가 살던 곳은 거실과 주방이 하나로 구성되어 있고 침실이 분리된 1.5룸이었다. 모던한 스타일의 타일 바닥과 흰 페인트 벽으로 둘러싸인 공간에 소파, 침대 등 가구가 있었다. 한국의 집이라고 해도 이상하지 않을 정도로 평범했고 세네갈다운 문화적 특색은 느껴지지 않았다.

단 한 가지 다른 점이 있었다. 바로 '높이'였다. 세네갈과 한국의 남녀 성인 평균키를 비교하면 세네갈인이 남자는 5cm, 여자는 4cm 정도 더 크다. 그랬기 때문에 집 천장은 키 차이만큼 높았고 부엌 찬장도 위쪽에 달려 있었다. 거인의 집에 들어간 듯한 느낌까지는 아니었지만, 164cm의 키를 가진 내가 부엌 찬장을 열려면 의자를 놓고 올라가야 했다.

세네갈의 일반 가정에서도 그러는지는 모르겠지만, 이곳 사택에서는 가사도우미를 고용해 청소와 빨래 같은 집안일에 도움을 받았다. 우리 집에서 일하신 분은 이 사택에 오래 있던 분이라 세네갈의 집 관리에 대해 많이 배웠다. 집이 바다와 가까운 곳에 위치한 데다가 주변에 비포장 도로가 많아 바람에 모래가 섞여 있을 때가 많았다. 그래서 매일 모래를 쓸어내는 바닥 청소가 필수였다. 가끔 단수도 될 때가 있어 미리 큰 생수통 여러 개에 물을 담아 준비해 두어야 했다. 이런 모든 일은 가사도우미 분이 챙겨주셨다. 그리고 그 덕분에 나는 퇴근 후 집에 돌아오면 마치 호텔처럼 잘 정리된 방에서 지낼 수 있었다.

　한국에서는 부모님과 함께 지냈기 때문에 혼자 사는 건 마다가스카르 이후 처음이었다. 독립은 역시 쓸쓸하다. 그렇지만 내 자신에게 집중하며 시간을 온전히 쓸 수 있는 건 장점이었다. 자취의 기술도 전혀 없고 문화도 완전히 다른 타국이었기 때문에 모르는 것도 많아 청소, 요리, 장보기 등 생활 전반에 빈틈이 많았다. 그렇지만 가사도우미 분이나 같이 지내는 다른 직원 분들 덕분에 모르는 건 물어보고 도움을 받으며 적응해 갔다.

슈퍼도 골라가는 재미

주말이 되면 여러 슈퍼를 다니며 장을 보았다. 그중에서 가장 자주 간 곳은 집 가까운 곳에 있는 프랑스 체인 슈퍼였다. 그런데 가끔 채소 상태가 안 좋거나 신선해도 비행기로 들여오다 보니 가격이 너무 비쌀 때가 있었다. 그러면 중국 슈퍼에 갔다. 중국인이 관리하는 농장과 연결되어 있어 신선한 채소를 저렴한 가격에 살 수 있었다. 익숙한 숙주, 애호박, 오이고추 외에 처음 보는 야채도 많아 구경하는 재미도 쏠쏠했다.

    짭짤한 감자칩이나 느끼한 과자를 먹고 싶을 때는 미국 대사관 근처에 있는 미국 슈퍼에 갔다. 거기에는 음식, 생활용품, 청소용품 등 다양한 물건이 구비되어 있었는데 대사관 근처라서 왠지 좋은 제품이 들어와 있을 것 같았다.

다카르에는 한국 기업이 많이 진출해 있어서 그런지 한국 슈퍼도 있었다. 늘 쟁여 놓고 먹는 라면이 다 떨어지면 시내에 있는 한국 슈퍼에 갔다. 한국 슈퍼는 라면은 물론 고추장, 미역, 과자, 우동 면, 카레 가루 등 세네갈에서는 귀한 한국 제품을 많이 갖추고 있었다. 그 가운데 내가 자주 먹었던 건 우동 면이다. 한국 슈퍼에서 사 온 탱탱한 우동면으로 볶음 우동이나 카레 우동을 만들면 근사한 한 끼가 완성되었다. 한 메뉴에 꽂혀 같은 음식을 매일 같이 먹을 때는 부엌 찬장에 소스 비율을 적은 종이를 붙여 두고 질릴 때까지 만들어 먹었다.

멀리 떨어진 곳에서 내가 태어난 나라의 재료들로 나에게 친숙한 밥상을 차릴 수 있다니. 장바구니에 담아 온 물건을 집에 도착해 하나하나 정리할 때면 이 흔하면서도 귀한 재료들이 산 넘고 물 건너 배를 타고 내가 사는 곳에까지 다다랐다는 사실에 찡한 감동을 받았다.

카레우동

프랑스어도 다 같은 프랑스어가 아니야

세네갈은 프랑스어와 함께 현지어인 월로프어(Wolof)도 사용한다. 새로운 언어를 배우는 것을 좋아하지만, 나는 월로프어는 배우지 않고 아직 완벽하지 않은 프랑스어에 집중했다.

프랑스어는 마다가스카르에서 지내던 시절, 어플로 공부했다. 그러다 보니 한국말로 배우는 체계적인 프랑스어 수업에 대한 갈망이 생겼다. 휴학 뒤 대학에 복학하자마자 불어불문학과의 프랑스어 수업을 들었고 나중에 공인 프랑스어 시험인 델프-달프(DELF-DALF) B1 자격증을 취득했다. 그 덕분에 세네갈에서 일할 생각도 할 수 있었고 실제로 올 수도 있었다.

B1은 생활과 관련된 회화는 할 수 있는 정도의 수준이어서 세네갈에 도착한 다음에도 공부가 계속 필요했다. 영어를

할 수 있는 현지 직원의 도움을 받아 회사에서는 업무에 필요한 단어와 표현을 틈틈이 익혔고, 퇴근 후에는 과외를 받으며 공부해 그 다음 단계인 B2 자격증을 땄다.

    많은 언어가 그렇겠지만, 프랑스어도 프랑스어권 나라별, 지역별 악센트와 표현이 다르다. 예를 들어 프랑스에서 사용하는 프랑스어는 알파벳 r을 '에흐'로 발음한다. 흔히 '가래 끓는 소리'라고 하는 특징적인 울림이다. 반면 세네갈 프랑스어는 영어의 r 발음과 비슷하게 발음한다. 게다가 세네갈 프랑스어와 프랑스 현지 프랑스어에는 뜻이 다른 표현들도 있었다. 일반 프랑스어에서 'descendre' 라는 단어는 '내려가다'라는 뜻이지만, 세네갈에서는 '귀가하다'라는 의미로 사용되었다. 이런 점을 세네갈에 와서야 알았다. 더군다나 회사에서는 사람마다 목소리 크기나 말버릇이 달라 한 번에 정확하게 이해하려면 그에 적응하는 시간이 필요했다.

    그런데 또 다른 복병이 있었으니 바로 글씨와 숫자를 쓰는 방식이었다. 우리말과 달라도 너무 달랐다. 필기체를 많이 쓰는 프랑스의 영향을 받아서인지 세네갈도 필기체가 일반적이었다. 그래서 가끔 직원들이 손으로 직접 쓴 쪽지를 건네주면 무슨 글씨인지 알아볼 수가 없어서 그때마다 물었다.

    "이게 무슨 글씨야?"

마치 처음 글씨를 배우는 아이 같은 상황에 웃음이 났다. 특히 숫자 1과 7은 쓰는 방법이 확연하게 달랐다. 1을 7처럼 써서 잘못 이해하기 쉬웠는데 진짜 7에는 중간에 가로 획이 하나 더 들어가 있었다. 그런데 그게 꼭 한글 자음 'ㅋ'처럼 보였다. 상황이 이러니 필기체와 숫자로 된 쪽지를 받으면 대략 난감했다. 아래는 필기체와 숫자로 헤어용 젤 1개, 실핀 7팩을 사야 한다는 내용으로 받은 쪽지다. 이게 도대체 1이야, 7이야.

1 gel coiffant
7 paquets de pince

언어는 기세!

회사에서 주로 프랑스어를 사용하다 보니 한국인과 세네갈인 사이의 소통에서 재미있는 상황이 벌어지곤 했다. 그 예로 성씨를 들 수 있다. 한국 성씨에 김이박 씨가 가장 많은 비율을 차지하듯 세네갈의 한인 상황도 비슷했다. 그래서 헷갈리지 않도록 성씨 앞에 부서명과 남성용 경칭인 무슈(Monsieur)를 붙여 말했다. '어느 부서 무슈 김'처럼 말이다.

다행히 송 씨는 회사에 나 하나뿐이었다. 그래서 나는 여성용 경칭인 마드모아젤(Mademoiselle)이라는 단어를 붙여 마드모아젤 송이라고 불렸다. 그럼 모두가 나인 줄 알았다.

프랑스어 공부를 미리 하고 온 한국 직원은 실수해도 긴 문장형으로 대화할 수 있었다. 하지만 세네갈에 도착해 현장에서 프랑스어를 배운 40-50대 직원은 그들만의 아재 프랑스어를 구사했다.

"얌마, 코드바 이거 쎄빠봉. 꽁프렁?"

여기서 코드바(code-barres)는 바코드, 쎄빠봉(c'est pas bon)은 틀렸다는 의미, 꽁프렁은 꽁프헝(comprends)을 말하는데 이해했는지 물어보는 동사다. 툭툭 핵심만 전달하는 프랑스어여도 같이 일한 시간이 있기 때문일까, 서로가 서로의 말을 초월 번역해 이해했다.

회사 밖에서 프랑스어를 쓸 때는 문맥이 단순해지고 구체적이 되었다. 병원에 가기 전에는 '기침' '가래' 같은 단어를, 화장품 가게에서는 '눈썹' 같은 단어를 찾았다. 가사도우미와 소통할 때는 둘 다 프랑스어가 완벽하지 못해 그림을 그려 말하거나 무엇이 필요한지 몸짓으로 보여줬다. 시장에서 물건을 사면서 혹은 택시 안에서 운전기사와 프랑스어로 이야기를 나누면 동양인 입에서 프랑스어가 나오는 게 신기한지 조금만 말해도 프랑스어를 엄청 잘한다는 소리를 들었다.

세네갈 생활이 익숙해질수록 내 프랑스어도 사람들 귀에 자연스럽게 들리는 듯했다. 원어민 같다라기보다는 긴장하지 않고 편안하게 말할 수 있게 되었기 때문일 것이다. 일상 대화에 큰 불편함은 없었는데 언어 실력만큼 나에게 도움을 준 건 자신감 있는 태도였다. 중요한 내용이 오갈 때는 어려웠지만, 일상에서의 가벼운 대화를 할 때는 어느 정도 '알아들은 척'을 하며 부담 없이 대화를 즐기는 방법을 저절로 습득했다. 자신감이 떨어지면 말도 더 안 나온다. 언어를 배우는 긴 과정 속에서 자신감은 정말 중요하다. 언어는 기세다, 기세!

앗살라무 알라이쿰?
알라이쿠뭇 살람?

세네갈은 이슬람 국가는 아니다. 그런데 무슬림의 비율이 상당히 높아 회사에서도 이슬람 문화를 경험할 수 있었다.

일단 인사다. 직원들은 아침에 출근하며 "앗살라무 알라이쿰(السلام عليكم)" 하고 인사를 건넨 다. 당신에게 평화가 깃들기를 바란다는 뜻이다. 그럼 먼저 와 있던 직원들은 같은 뜻을 지닌 "알라이쿠뭇 살람(وَعَلَيكم السَلامُ)으로 답한다. 이것이 무슬림 간의 인사말이다. 좋아하는 텔레비전 프로그램 무한도전에서 '아프지 마, 도토 잠보 앗살람 알라이쿰' 같은 노래 가사로나 접한 인사말을 실제로 매일 듣고 말하니 처음에는 신기하고 어색했다.

또 다른 이슬람 문화라면 기도 시간이다. 무슬림은 점심시간 전과 후, 퇴근 시간 전에 기도 시간을 가진다. 기도 시간은 해의 움직임에 따라 정해지니 매일 조금씩 달랐는데 그 시간이 되면 직원마다 자신이 자주 사용하는 장소에 매트를 깔고 기도했다. 그 옆에서 나는 큰 소리가 나지 않게 조심하면서 멈춤 없이 일해야 했다.

사무실 점심시간은 이 낮기도 시간에 맞추어 오후 1시였다. 아침밥보다 잠을 택하는 나는 아무리 기다려도 오지 않는 점심시간까지 버티기가 정말 힘들었다. 그래서 출근하고 오전 시간에 직원들과 땅콩이나 크루아상 같은 간식을 나누어 먹으며 얼른 점심시간이 오기를 기도했다.

점심은 한국 직원들을 위해 따로 준비된 한식을 먹었다. 요리는 아다마라는 현지인 요리사가 했는데 돼지고기를 먹지 않는 무슬림이었다. 아다마는 양념장에도 할랄이 아닌 재료가 들어 있을 수도 있어 간을 보지 않고 요리했다. 간을 보지 않는다고 하면 맛이 이상하지 않을까 의심할 수 있다. 그렇지만 오랜 시간 쌓인 아다마의 경험과 감 덕분에 꽤 괜찮은 한국 음식을 매일 먹을 수 있었다. 게다가 아다마는 한국 직원들이 레시피를 알려주면 새로운 메뉴까지 추가해 만들 수 있는 능력자였다. 그래서 김치볶음밥, 미역국, 감자 볶음, 호박전, 제육볶음, 비빔국수, 잡채 등 다양한 음식이 돌아가면서 나왔다. 그중에서도 아다마표 돼지고기 김치찌개는 직원들의 반응이 가장 뜨거운 메뉴였다. 돼지고기를 먹지 않는 사람이 만드는 돼지고기 김치찌개라니. 그게 될까 싶었지만, 그게 되었다. 그것도 아주 맛있게.

출근길은 언제나 예측 불가

매일의 출근길, 도로 상황은 매 순간 다르다. 집에서 회사까지 차로 40분 정도 걸리지만, 막히면 정말 대책이 없다. 출근길 도로에는 자동차, 트럭, 오토바이도 모라자 소가 끄는 우마차까지 뒤엉킨다. 가끔은 롤러 블레이드를 탄 채로 자동차를 잡고 가는 사람까지 등장할 때도 있다. 고속도로는 언제든 사고가 날 수 있는 상황. 연식이 오래되어 털털거리는 차가 고장 나 길을 가로막고 멈추어 있으면 상황이 정리될 때까지 꼼짝 않고 기다릴 수밖에 없다.

입사 초반에는 출근길에 도로가 꽉 막히면 마음이 조급했다. 하지만 일단 적응하니 그런 순간에는 숨 한 번 크게 쉬어주고 이번에는 과연 무슨 일 때문일까, 상상한다. 한 번은 그전까지와는 차원이 다르게 역대급으로 막혀 거의 한 시간 반 동안 못 움직인 날이 있었다. 차를 함께 타는 회사 동료들과 이렇게나 막히는 건 처음이라며 한 마디씩 했다. 그런데 이야기하면서 기다리는 것도 한계가 있다. 나중에는 모두 지쳐 정적만이 흘렀다. 막히는 구간을 겨우 빠져나와 보니 큰 컨테이너 트럭이 사차선을 다 막은 채 쓰러져 있었다. 출근 시간을 한참 넘겨 회사에 겨우 도착했더니 같은 방향에서 오는 직원들도 모두 늦은 상태였다. 회사에 출근하기 전부터 이미 지친 얼굴로 한 명 한 명 들어왔다. 그리고 다 같이 방금 전의 이야기를 회포처럼 풀어내며 도로 위에서 쌓였던 스트레스를 풀어냈다.

　다카르의 시내 도로에서는 운전을 잘하는 사람들도 긴장할 정도로 접촉 사고가 자주 났다. 그때마다 어떤 식으로 해결하는지 지켜보았는데 세네갈 사람들은 의외로 아무렇지 않은 반응을 보여 흥미로웠다. 가벼운 접촉 사고라면 운전자끼리 손으로 '엄지척' 사인을 주고받고 각자 갈 길을 갔다. 자동차 사이사이로 오토바이가 다니다가 사이드 미러를 칠 때도 있었다. 그럼 오토바이를 탄 사람은 뒤도 돌아보지 않고 사라진다. 한번은 회전 교차로에서 자동차가 여기저기 엉켜 있었다. 그런데 그 상황에 우마차를 탄 사람이 등장했다. 우마차 운전자는 팔을 쭉 뻗어 '멈춰 달라' '고맙다'라고 말하듯 손으로 신호를 보내며 회전 교차로에 합류했다. 그렇게 자동차, 오토바이, 우마차가 다 함께 회전 교차로를 돌았다. 지금 생각해도 황당하면서 웃음이 나는 장면이다.

    나는 면허가 없어서 어차피 운전할 수 없었지만, 면허가 있더라도 다카르에서 운전은 절대 꿈도 못 꿀 것 같다.

낯설음이 익숙함으로 변해가는 시간들

입사 초기, 이전 디자이너가 남긴 업무 매뉴얼과 디자인 파일을 하나하나 열어보고 여기저기 물어보며 일에 적응해 갔다. 패키지는 어떻게 디자인하고 모델 사진은 어떻게 보정하며 레이어 이름으로 무슨 기능을 썼는지 유추해 가며 익혔다.

    제품 이름은 그 숫자가 너무 방대해 외우려고 하니 처음에는 막막했다. 하지만 회사 생활이 익숙해지고 촬영이나 홍보물을 만들어 가다 보니 점점 숙지할 수 있게 되었다. 어떤 정보를 어느 직원한테 요청해야 하는지, 업무의 각 단계별로 어떻게 진행해야 하는지 등등 시간이 지나면서 회사 안에서의 경험이 내 안에 차곡차곡 쌓였다.

    외근을 나갈 때는 운전기사와 함께 회사 차량으로 이동

했다. 외근이 대부분인 영업부 직원들은 늘 짝꿍처럼 함께 다니는 운전 담당 직원이 있었다. 시내의 도로 상황을 생각하면 대중교통으로는 장거리와 단거리의 여러 거래처를 효율적으로 다니기 어렵기 때문이었다. 반면 나는 외근이 잦지 않아 짝꿍 운전기사는 없었지만, 인쇄소나 살롱에 가야 할 때는 동선이 비슷한 영업부 직원과 이동했다.

공장 사이를 왔다 갔다 하는 컨테이너 트럭에도 점점 익숙해졌다. 컨테이너에 들어가기를 기다리며 쌓여 있는 박스 옆을 지날 때면 바코드와 스티커만 보아도 어디로 나가는 제품인지 읽을 수 있게 되었다. 처음에는 전혀 알 수 없었던 복잡하고 큰 생산 현장도 어느 파트에서 무슨 일을 담당하고, 어떤 색상 원사가 생산 라인을 타고 있는지 점점 자세하게 눈에 들어왔다.

내가 자주 들락거리는 자재부 사무실에는 일본 거래처에서 받은 풍경 달력이 벽에 걸려 있었다. 고즈넉한 일본의 풍경 사진을 세네갈 한복판에서 보고 있으면 이질적이면서도 묘한 기분이 들었다. 하지만 적응해 갈수록 이질적인 달력도 사무실의 한 풍경으로 자리 잡아 달력 옆에 걸려 있는 제품 샘플에만 눈이 갔다.

출근하면 반갑게 나누는 아랍어 인사가 어색해 나만 계

속 "봉주르(Bonjour)" 하며 프랑스어로 인사했다. 그러다 나도 그 돌림노래 같은 인사에 끼고 싶어 "앗살라무 알라이쿰" 했더니 자연스럽게 "알라이쿰 살람"이 돌아왔다. 첫 회사 생활을 다른 문화와 언어 속에서 일구어 가면서 일터와의 관계도 점차 생겼다. 그저 낯설기만 했던 시간이 어느새 익숙함으로 바뀌고 있었다. 그러한 모든 과정이 두근두근하면서 순간순간 스스로 잘 해나가고 있다고 느낄 때가 있었다. 그러면 뿌듯함에 슬쩍 입꼬리가 올라갔다.

회사 밖에서는 이렇게 놀아
(1) 일상과 여행 사이

세네갈은 바다가 가까워 근처만 나가도 휴가 온 기분을 낼 수 있어. 나도 퇴근하고 자주 가던 바닷가가 있었어. 오늘은 스트레스를 풀어야겠다는 생각이 들면 친한 한국 직원들에게 신호를 보내. 그러면 각자 집에 짐을 놓고 편한 옷으로 갈아입은 다음 다시 모여 10분 정도 걸어 알마디 바닷가(Plage de la Pointe des Almadies) 쪽 레스토랑으로 향하곤 했어. 바닷가를 따라 근사한 레스토랑이 많은데 퇴근하고 편하게 가던 곳은 샤키스(Sharky's)야. 일단 단골 메뉴인 피자와 생맥주를 주문해 배고픈 속을 달래고 맥주를 한 모금 마시며 숨을 돌리면 그제야 바다가 눈에 들어와. 바다 쪽으로 시원하게 뚫린 테라스석에 앉아 있으면 노을 지는 하늘 아래 한 쪽 귀로는 파도 소리가, 다른 한 쪽 귀로는 사람

들 대화 소리와 음악 소리가 들려오곤 하지. 우리처럼 먹고 쉬는 사람들을 보면 그저 퇴근만 했는데도 바닷가로 휴가를 떠나 반짝이는 별 아래에서 여름밤을 보내는 기분이 들었어.

익숙하지 않은 환경 속에서 들려오는 현지인의 대화가 파도 소리와 섞여 귀를 스쳐 지나가. 그러면 그 순간 여기에는 오로지 바다와 나뿐인 느낌이 들어. 낯선 환경이니까 당연히 생활하는 데 불편해. 현지인들과 생김새가 다르니 외국인이라고 바로 들키기도 하지. 하지만 바다를 보며 지내는 고요하고 평화로운 시간은 이곳에 있기 때문에 얻을 수 있는 보물이기도 해. 매일, 매시간 다른 빛과 색을 보여주는 바다와 1분 1초 모두 다른 파도의 모양을 보고 있으면 일상에서 쌓인 긴장이 파도처럼 부서졌어. 그렇게 나는 바다를, 다카르를 좋아하게 되었어.

    바닷가에서 시간을 보내고 집으로 돌아갈 때면 잘 놀고 들어가는 곳이 며칠 머무는 어색한 숙소가 아니라 내가 꾸민 내 집이고, 내가 일궈가는 삶의 현장이라는 게 특히 좋았어. 외국이어도 일상이 이어지다 보면 권태로울 때도 분명히 있거든. 그럴 때마다 푹푹 빠지는 모래사장을 밟으면 여행자가 된 것 같았어. 물론 그러다 집으로 돌아가면 내일 출근이니 일찍 자야지, 하고 생각하는 평범한 다카르의 직장인으로 돌아가곤 했지만.

1년차는 아직 생 초보

Chapitre 03

첫 미션,
모델 사진을 찍어라

첫 출근을 하고 회사 사람들과 각 부서 위치를 외워가며 매일 적응해 가는 날이 이어졌다. 그리고 입사한 지 2주 만에 첫 미션을 받았다. 모델과 함께 브레이드 제품을 촬영하는 일이었다. 다양한 색상 옵션이 특징인 브레이드 제품은 착용에 시간이 오래 걸려 아침부터 준비해도 점심시간 이후 본격적인 촬영을 시작할 수 있었다. 일단 머리 전체를 다 땋은 기본 스타일로 1차 촬영을 하고, 이후 반 묶음, 포니 테일, 올림머리 등 변형해 가며 2차 촬영을 진행했다.

    내가 입사하기 전부터 회사와 꾸준히 일해온 모델과 회사 스튜디오에서 하는 촬영이었지만, 모델에 따라 어떤 색상을 착용하고 어떻게 스타일링할지 결정할 내용이 많았다. 하지만 이미 다들 익숙해져 있어 준비는 물 흐르듯이 순조로웠다.

나는 촬영에 참고할 조명 각도, 모델 포즈와 표정 등 사진 자료를 준비했다. 그리고 "옆으로 조금 돌아보세요." "이렇게 해보세요." 등 촬영에 필요한 프랑스어 표현을 찾아 미리 노트에 적었다. 그 사이 개발실 한국인 관리자는 스타일링을 확인하고 같은 부서 직원들은 제품 착용과 메이크업을 담당했다.

촬영은 일주일에 한 번 이루어졌다. 신제품 패키지나 프로모션 포스터 등 촬영해야 할 제품이 어느 정도 모이면 모델과 한 달이나 세 달 기준으로 계약하고 촬영 일정을 잡았다. 일정은 촬영 때마다 이리저리 당겨지는 모델의 머리카락 컨디션을 고려한 것이기도 했다.

길게 땋은 머리를 올림머리로 바꾸어 2차 촬영, 아래에 웨이브 넣고 3차 촬영

촬영 제품은 아직 출시되지 않은 경우가 많았다. 그래서 촬영이 끝나면 모델은 제품을 꼭 풀고 가야 한다. 가끔 이미 출시된 제품으로 촬영을 진행하면 모델이 그냥 이대로 가도 되느냐고 요청할 때도 있었다. 여느 세네갈 여자들처럼 모델도 평소에 통가발을 많이 쓴다. 가발은 비싸지만 관리만 잘하면 오래 쓸 수 있어 경제적이고 머리카락에 부담도 적다. 그래서 통가발이 아닌데도 일부러 제품을 착용하고 가겠다고 하면 속으로 '훗, 우리 회사 제품이 마음에 드나 보네. 역시!' 하며 괜시리 뿌듯했다.

출장은 처음이야

내가 있는 디자인 부서는 영업부와 같은 사무실을 썼다. 외근과 출장이 잦은 영업부를 보면서 출장에서는 어떤 일을 할까 궁금했다. 그러던 차에 나에게도 출장의 기회가 왔다. 옆 나라 말리의 수도 바마코에서 열리는 바마코국제박람회(La foire exposition internationale de Bamako)에 우리 회사도 참가하게 된 것이다. 나는 영업부 직원 티디안과 함께 선발대인 1차 팀의 뒤를 이어 2차 팀으로 가게 되었다.

오랜만에 비행기를 타고 바마코의 모디보케이타국제공항(Modibo Keita International Airport)에 도착했다. 그런데 짐을 찾다가 문제가 생겼다. 공항 직원이 제품이 든 박스를 문제 삼았기 때문이었다. 행사에서 쓸 제품 샘플 박스는 공항에서 별 걱정 없이 통과되도록 다른 직원들이 서류 작업을 미리 처리해 두었는데 생긴 문제였다. 첫 출장에서 처음 이런 문제를 맞닥뜨리고 나는 속으로 엄청나게 긴장했다. 그런데 티디안이 역시 선배답게 가져온 서류를 노련하게 보여주며 열심히 설명했고 다행히 무사히 공항 밖으로 나올 수 있었다. "마드모아젤, 세네갈 밖으로 나오니까 바로 이런 자잘한 문제 생기는 것 보라구~." 놀란 가슴을 쓸어내리는 내 옆에서 세네갈을 자랑스러워하는 티디안은 어깨를 으쓱했다.

공항 밖에서 배웅을 나온 선발대와 만나 인사를 나눈 뒤, 택시를 타고 박람회장으로 이동했다. 박람회장은 야외와 실내를 모두 사용해 생각보다 매우 큰 규모였다. 우리 회사 옆 부스는 가나 사람의 부스로 옷과 액세서리를 판매했고, 멀지 않은 이웃 부스에서는 에티오피아 사람이 커피를 판매했다. 중동 아랍 쪽으로 보이는 사람들이 시끌시끌한 영업용 멘트와 함께 수동 믹서기를 파는 부스도 눈에 띄었다. 그리고 나에게 좋은 추억으로 남아 있는 마다가스카르의 수공예품을 판매하는 부스도 있었다.

박람회는 이름부터 국제적이라고 강조하고 있었다. 하지만 다카르에서 자주 본 유럽, 미국 쪽 사람은 별로 없었고 동양인도 우리 회사 사람이 전부였다. 흑인과 아랍인으로 구성된 박람회장은 내가 잘 모르는 나라만 모아 놓은 작은 세계 같았다.

디자인 부서인 나는 박람회 부스 세팅을 마친 이후 카메라맨이 되었다. 마침 잘 되었다 싶어 구경 온 사람들을 인터뷰하는 영상을 찍고 싶다고 티디안에게 말했다.

만약 세네갈에서 행사가 열렸다면 티디안과 사람들은 월로프어로 대화했을 테니 나는 하나도 못 알아들었을 것이다. 하지만 말리와 세네갈은 언어가 달라 프랑스어로 대화해 나도 어느 정도 알아들을 수 있었다. 티디안과 나는 우리 회사의 실내 부스, 실외 부스와 포토존을 돌아다니며 말리 사람들에게 우리 회사 제품을 왜 좋아하는지, 보통 어디서 제품을 사서 쓰는지 물어보고 인터뷰한 내용을 카메라에 담았다.

출장을 온 김에 중간중간 다른 업무를 보러 이동하면서 바마코 시내를 구경했다. 시장에서 상인도 만나고 이후 제작할 옥외광고 설치 장소도 확인했다. 말리 바마코의 시장은 세네갈 다카르의 시장과 비슷한 듯하면서도 너무 낯설었다. 시장 안은 사람도 많고 길도 미로처럼 복잡해 앞서가는 티디안을 바짝 쫓아가지 않으면 길을 잃을 것 같았다. 긴장하며 시내 이곳저곳을 돌아다니다 다시 박람회장으로 돌아와 에티오피아 부스에서 산 커피를 마시며 숨을 돌리곤 했다.

박람회를 마치고 다시 세네갈로 돌아왔다. 말리에 있는 동안 기름진 현지식만 먹었는데 SNS에서 자꾸 한국에 새로 생긴 떡볶이집 사진이 돌아다녔다. 갑자기 매콤한 공격을 받은 나는 속으로 눈물만 흘리다가 세네갈로 돌아오자마자 한식당에서 떡볶이를 사 먹었다. 세네갈은 이제 내가 원하는 걸 어디서 구해야 할지 바로 떠올릴 수 있는 익숙하고 편한 홈그라운드가 되어가고 있었다.

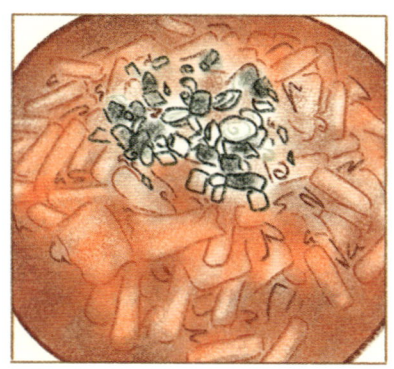

패키지 디자인,
너를 어떻게 하면 좋을까

일하다 보면 외근도 종종 나갔다. 어느 날 영업부 직원을 따라 지역 상점으로 시장조사를 나가 처음 세네갈의 제품 패키지를 구경했다. 그런데 충격 그 자체였다. 내가 지금까지 해왔던 디자인과는 너무 달랐기 때문이었다. 한국은 워낙 제품 패키지에 신경을 많이 쓰는 편이라 깔끔하고 고급스럽고 예쁘다. 그런 것에 익숙해져 있다가 세네갈의 제품 패키지를 보니 어딘지 엉성했다. 취향이 안 맞는 것은 그렇다 치더라도 모델 사진의 형태가 제대로 안 따져 있거나 제품 길이 인치 표시를 더블 프라임(")이 아니라 큰따옴표(")로 쓰는 등 오류도 많았다. 그걸 보면서 밤낮으로 브랜딩 공부와 패키지 디자인을 손보던 대학교 동기들이 떠올랐다. '얘들아, 지구 반대편에서는 그렇게 세세한 곳까지 신경 쓰지 않아도 제품이 잘 팔린단다.' 이런 생각을 하며 약간 쓸쓸하고 허무한 기분이 들었다.

헤어 살롱에서 스타일링 과정을 지켜보면 브레이드 패키지, 비닐 백과 카드 보드는 스타일링 시작과 동시에 뜯겨 바닥으로 떨어졌다. 그리고 살롱에 전달하는 포스터도 그 수량만큼 다 쓰이지 않고 가게 구석에 나뒹굴 때가 많았다. 헤어 살롱 입장에서는 매일 제품을 뜯는 일이 별 감흥 없는 반복 업무에 불과하고, 포스터도 그렇게 중요하지 않을지 모른다. 설사 그렇다 하더라도 적어도 제품 패키지를 만드는 디자이너라면 형태를 덜 따거나 길이 표기 단위를 잘못 표시하는 등의 '실수'는 없어야 하는 것 아닐까?

내가 열심히 공들여 디자인했다고 모든 사람이 다 알아주어야 하는 건 당연히 아니다. 하지만 실수가 있는 디자인을 아무렇지 않게 받아들이는 시장을 보며 솔직히 실망했다. 그리고 만약 여기와 다른 환경에서 일했다면, 흥미롭고 쟁쟁한 디자인으로 가득 찬 곳에서 일했다면 어땠을까, 살짝 후회도 되었다.

그렇지만 바로 마음을 고쳐먹었다. 그래도 내가 선택한 시장이고 환경이다. 일단 나 자신에게 그리고 같이 일하는 사람들에게 떳떳할 수 있는 좋은 디자인을 한다면 누군가는 알아보지 않을까? 그리고 그렇게 누군가의 디자인을 알아보는 사람들이 하나둘 늘어나다 보면 이곳도 디자인에 대한 생각이 조금씩 달라질지 모른다.

첫 월급으로 무엇을 할까

드디어 기다리던 첫 월급을 받았다. 인생 첫 직장에서 받는 인생 첫 월급이라니, 이렇게 뿌듯할 수가!

처음 석 달은 수습 기간이라 큰 금액은 아니었지만 첫 월급을 받으면 꼭 하고 싶었던 게 있었다. 부모님 선물 사기와 동생에게 용돈 주기. 비록 멀리 떨어져 있지만 기쁜 마음을 어떻게든 같이 나누고 싶었다. 그래서 마음 먹었던 대로 부모님 선물을 한국 쇼핑몰에서 구매해 집으로 배송시키고 동생에게는 계좌이체로 용돈을 보냈다.

그리고 타국에서 한 달 동안 열심히 일한 나를 위해서는 근사한 요리를 먹기로 했다. 첫 월급을 기념할 만한 어마어마한(?) 식사를 하고 싶어 친해진 한국인 동료들과 중국 훠궈 식당에 갔다. 여러 개의 접시에 담긴 다양한 재료를 육수에 퐁당 퐁당 담그며 배가 터지도록 푸짐하게 먹었다. 맛있는 식당인 대신 조금 비싼 게 흠이라는 말을 들었는데 정말 맛있었고 정말 비쌌다. 우리 돈으로 한 사람당 10만 원 가까이 나왔으니. 아직 환율에 적응하지 못해 여러 번 계산하며 이 가격이 맞나 확인했다. 앞으로는 자주 못 올 식당이었지만, 첫 월급을 기념한 화려한 식사였다.

월급을 받은 김에 궁금한 가게들을 구경하며 마음에 드는 접시와 그릇을 샀다. 아직 필요한 모든 걸 갖추고 있지 않아 월급을 탈 때마다 하나하나 장만하려고 마음먹고 있었다. 다음 월급으로는 전자레인지, 그다음 월급으로는 예쁜 옷. 이렇게 하나 둘 쇼핑 리스트를 만들다 보니 하고 싶은 것들도 생겼다. 집 바로 근처에 바다가 있으니 서핑도 배우고 싶고, 세네갈에 있을 때 가까운 유럽 여행도 가고 싶고.

취업을 준비할 때는 늘 마음이 편치 않아 여행하더라도 정신은 구인 공고와 자기소개서에 가 있었다. 회사는 당연히 힘들다. 그렇지만 일에서 얻을 수 있는 보람도 있고 하루하루 쌓이는 경험이 보상으로도 느껴졌다. 무엇보다 직장인이 되면서 월급과 함께 마음의 자유를 얻었다. 그리고 회사 다니는 재미도 점점 생기고 있었다.

리브랜딩과 신제품 출시

입사한 지 6개월 만에 드디어 내가 디자인한 패키지를 적용한 신제품 출시가 결정되었다. 기존 크로셰 브레이드 라인에 리브랜딩한 디자인으로 신제품을 출시하는 프로젝트였다. 크로셰 제품 라인의 브랜드 로고는 세네갈의 지역 정체성을 강조하고 세네갈인이 지닌 고유의 정과 환대의 마음인 '테랑가(Teraanga)'가 메세지로 담기도록 디자인되어 있었다. 크로셰 라인 브랜드는 우리 회사의 여러 브랜드 중에서도 비교적 최근에 론칭했기 때문에 디자인 과정이 자료로 남아 있었다. 차근차근 자료를 읽어보았다. 기존 디자인에는 세네갈 특유의 정 문화가 담겨 있었는데 당시 디자이너가 이를 디자인에 적용하기 위해 얼마나 애정을 담아 노력했는지 느껴졌다.

이전 디자이너가 왜 세네갈 사람들의 고유의 정 '테랑가'를 브랜드의 아이덴티티로 적용했을지 생각해 보았다. 거리를 다니다 보면 상점 이름이나 광고 문구에서 '테랑가'라는 표현이 자주 눈에 들어올 정도로 세네갈 사람들이 좋아하는 단어다. 회사에서 직원들과 함께 간식을 나누어 먹고, 외근을 나가 살롱에서 점심을 먹어야 할 때는 살롱 미용사들이 준비해둔 음식을 흔쾌히 나누어 주었다. 가족처럼 함께 나누는 넉넉한 마음. 평소에는 익숙함에 그런 마음을 잊고 소중함을 모르다가 문득 떠오르면 다시 새기게 되는 소중한 마음이었다. 전의 디자이너는 그 마음을 제품에 담고 싶었던 것이었다.

제품은 최근에 출시되었다고 해도 벌써 몇 년 전 제품이었다. 오랜만에 나오는 신제품이라 로고는 그대로 두고 패턴의 색상 톤이나 그래픽 모티프에 조금 변화를 주기로 했다.

스프링 컬로 연출한 모습(오른쪽)과 아프로헤어로 변형해 연출한 모습(왼쪽)

흑인 헤어스타일링은 창의성과 자유가 특징이라고 생각한다. 이건 브레이드나 위빙 헤어를 착용하기 전 콘로우를 땋는 모양부터 해당한다. 머리카락으로 패턴을 만들 듯이 전체를 몇 개의 구역으로 나누고 어떤 모양으로 땋을지에 따라 다양한 연출이 가능하다. 그러니 그 가능성은 무제한이다. 이번 크로셰 브레이드 신제품의 장점이라면 변형해서 자유롭게 스타일링 할 수 있다는 점이다. 가령 스프링 모양의 컬을 가진 제품은 그대로 컬을 살려 연출해도 되고, 세팅된 컬을 풀어 자연스러운 질감의 아프로헤어로도 연출할 수 있다.

어느 정도 디자인이 완성되면 샘플을 만들었다. 우선 하나의 제품으로도 다양한 헤어스타일을 연출할 수 있다는 점을 패키지 디자인에 강조하기로 했다. 태그는 제품 이름, 스타일링된 모델 사진 등 핵심 정보가 모두 담기는 패키지 요소다. 크기가 크지 않기 때문에 보통은 대표 모델 사진 한 컷만 넣고, 다른 사진은 뒷면에 넣거나 포스터 등 다른 홍보물에 사용한다. 하지만 이번에는 두 가지 연출을 한 눈에 보여주기 위해 태그의 크기와 비율을 바꾸어 사진 두 컷을 한 면에 배치했다. 여기에 공간 재배치를 위해 수정할 요소가 하나 더 있었다. 바로 패턴이다. 기존에는 아홉 가지의 기하학적 패턴을 활용해 총 다섯 가지의 고채도 색상을 사용하고 다양한 명도 변화를 주어 시선을 끌었다. 그런데 새로운 디자인에서는 사용하는 패턴의 개수를 네 개로 줄이고 색상 간의 명도 대비도 확 줄였다. 이전 디자인에서는 패턴과 모델 사진이 강조되었다면, 새로운 디자인에서는 패턴 주목도를 줄여 배경으로써 활용하고 모델 사진을 한층 강조했다. 모든 패키지 구성품을 준비한 뒤 제품을 넣어 포장해본 다음 제품이 고정되는 위치를 세부적으로 조정했다. 실제 대량으로 생산될 때 비효율적이지 않은지, 제품의 색상을 표시하는 스티커가 태그 위에 알맞게 들어갔는지 꼼꼼히 확인했다. 드디어 디자인이 완성되어 인쇄소로 보냈던 제품 패키지가 도착했다. 그 모습을 바라보는데 내 자식을 보는 것처럼 뿌듯했다.

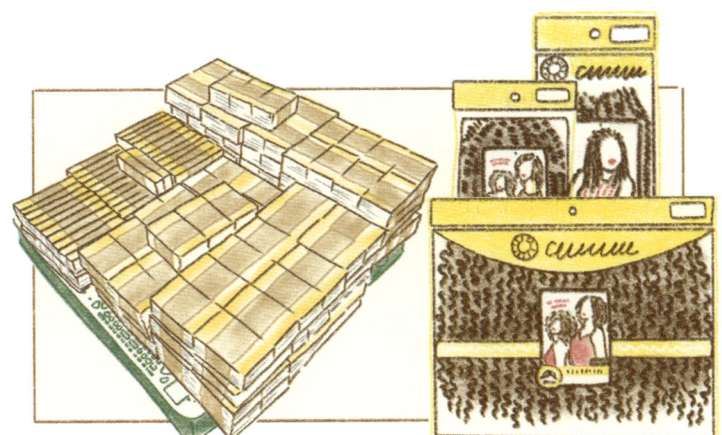

신제품은 무사히 출시되어 다양한 홍보 이미지가 포스터와 SNS를 통해 퍼져 나갔다. 제품 스타일에 따라 선호도가 갈렸지만, 한 제품을 변형해 여러 스타일로 자유롭게 연출할 수 있다는 점은 우리 제품을 사야 할 강력한 이유가 되었다.

포스터를 꺾어서 붙인다고!?

나는 우리 회사에서 브랜드의 첫 얼굴을 책임지는 디자이너다. 신제품이 나오면 사람들의 눈길을 끌고 마음을 움직이기 위해 모델 사진을 정성 들여 찍고, 패키지 목업 이미지를 자세하게 만들어 프로모션용 포스터를 디자인한다. 포스터들은 현지 인쇄소에서 인쇄하는데 한국보다 가격이 두세 배 비싸다. 그런 비싼 비용으로 제작한 포스터는 완성되면 영업부를 통해 보통 상점, 헤어 살롱, 미용학교 등에 배포된다. 가끔 내가 직접 전달할 때도 있는데 살롱에서 진행하는 콘텐츠 촬영이 있을 때다.

살롱 입구에는 언제나 다양한 포스터가 붙어 있는데 강한 햇빛 탓에 붙인 순서대로 색이 바랬을 때가 많았다. 나는 늘 갓 인쇄된 신제품 포스터를 가져가기 때문에 흐릿한 포스터들 사이에서 우리 브랜드의 포스터가 선명하게 빛날 모습을 기대하며 포스터를 건넨다. 하지만 기대도 잠시. 살롱 직원은 늘 굵은 검은색 박스테이프를 가져와 포스터 테두리에 둘러서 붙이기 일쑤였다. 모델의 팔과 포스터 문구의 양쪽 끄트머리가 검은색 박스테이프에 가려지는 장면은 볼 때마다 당황스럽다. '잘 붙어 있기야 하겠지만, 그래도 이렇게 붙인다고? 그건 아니잖아요.' 예상하지 못한 장면이 눈앞에서 펼쳐질 때마다 내가 대신 붙여줄 수도, 뭐라고 말하기도 애매했다. 그래서 나는 흐린 눈으로 그 모습을 바라보며 포스터가 잘 자리했음에 그저 만족할 뿐이었다.

어느 날 살롱으로 외근을 나갔는데 영업부 직원이 근처 상점에 일이 있다고 해서 따라다닌 적이 있었다. 그렇게 골목골목을 다니다 한 상점을 지나게 되었는데 입구 쪽 벽에 우리 회사 포스터가 코너에 꺾인 채로 붙어 있는 게 아닌가?

'헉…, 우리 모델 살리의 얼굴이 꺾여 있다니.'

지금이야 그 광경을 찍은 사진을 보면서 허허 웃지만, 당시에는 정말 충격이어서 한동안 멍하니 보고 있을 수밖에 없었다.

살롱에 가면 제품과 포스터에 대한 피드백을 들으려고 "포스터 어때요?" "신제품 패키지 어때요?" 하고 물어본다.

그럴 때마다 대답은 "이뻐요."가 전부다. 물론 내가 마음을 움직여야 할 사람들은 제품의 실제 사용자다. 그리고 가게 주인들 입장에서는 일하는 데 바빠 포스터가 반듯하게 붙어 있든 접혀서 붙어 있든 별 상관이 없을지 모른다. 그렇다 하더라도 오랫동안 시간을 들여 정성스럽게 디자인했는데 이렇게 포스터가 아무렇게나 붙어 있는 모습을 보면 실망하고 속도 상한다. 다른 사람이 어떻게 볼지 조금 더 신경을 쓰는 환경에서 일한다면 어땠을까? 이런 생각과 후회마저 들 때도 있다. 그때마다 생각하고 다짐하며 다독였다. 나도 다른 사람들의 노력과 정성을 모르고 지나치는 순간이 많았겠지. 그렇게 되지 않도록 노력하면서 같이 일하는 사람들에게 떳떳하고 내가 나에게 부끄럽지 않은 디자인을 하자, 지금 내 역할에 최선을 다하자고 말이다.

일하며 만나는 이국의 일상

제품 홍보를 위해 우리 회사는 스튜디오 촬영과 콘텐츠 촬영을 한다. 스튜디오 촬영은 자체적으로 진행하는 데 반해, 콘텐츠 촬영은 매거진과 SNS 업로드용으로 살롱을 섭외해 주기적으로 진행한다. 내용은 주로 우리 제품을 사용하는 살롱을 소개하면서 가발을 이용한 헤어스타일링 과정과 그 결과를 보여주는 것이다. 이때 우리는 제품을 선정해 제안하고 스타일링은 살롱에 전적으로 맡긴다.

한 달에 두세 번씩 주기적으로 돌아오는 살롱 촬영 때마다 어떤 제품을 사용할지 결정하는 과정은 흥미롭다. 신제품으로 하는 촬영은 색상만 결정하면 되지만, 기존 제품으로 하는 촬영은 제품별 판매 상황과 시장 반응에 따라 함께 고민하며 결정했다. 신제품 출시가 없던 시기에 다음 촬영에 어떤 제품을 쓸지 고민하다 영업부 무싸가 오랜만에 웨딩 헤어스타일을 다루면 어떻겠냐고 제안했다. 보통 다카르에서 웨딩용 헤어는 찰랑거리는 생머리 느낌의 위빙 헤어 제품으로 우아한 올림머리를 만든다. 그런데 이번에는 웨이브가 있는 위빙 헤어 제품까지 추가해 살롱에 제안하기로 했다.

살롱 선택과 일정 조율은 영업부의 몫이다. 이번 촬영을 위해 방문할 살롱은 이미 우리 회사와 오랜 파트너 관계를 맺고 있는 곳이라고 무싸가 설명했다. 도착한 살롱에서는 선풍기 바람이 살랑살랑 부는 속에서 손님과 미용사들이 도란도란 이야기를 나누고, 라디오가 마치 배경음악처럼 잔잔하게 흐르고 있었다.

나는 카메라를 준비해 살롱 사장님 인터뷰와 스타일링 과정, 살롱 풍경 등을 담았다. 스타일링은 크게 두 단계로 완성되었다. 먼저 생머리 위빙 헤어 제품으로 올림머리를 만들고 그다음 웨이브 위빙 헤어를 길게 내려 우아한 실루엣을 완성했다. 마지막으로 큐빅이 들어간 머리핀과 볼륨이 있는 귀걸이를 착용하면 완성. 마침 살롱이 바닷가 근처에 있어 모델과 함께 바닷가로 향했다. 푸른 바다를 배경으로 화사한 개나리색 드레스를 입은 신부가 굵은 웨이브의 긴 머리를 흩날리

는 모습을 카메라에 담았다.

촬영 때는 매번 다른 살롱을 방문하는데 살롱마다 저마다 분위기가 차분해 갈 때마다 마음이 편해진다. 스타일 완성에 시간이 오래 걸리므로 기다리는 시간도 그만큼 길다. 그때는 사장님과 두런두런 이야기하거나 다른 손님들은 어떤 머리를 하는지 구경한다. 보통 나는 사무실에서 일하니 고객의 반응은 영업부 직원들의 입을 통해 듣거나 SNS를 통해서만 알 수 있다. 그런데 살롱에서 제품을 착용하는 사람들의 모습을 직접 보면 제품의 생산부터 소비까지의 전체 그림이 비로소 그려지면서 마지막 퍼즐 조각을 맞추는 느낌이 든다.

살롱에서 기다리는 시간은 평소에 접하지 못하는 세네갈 사람들의 일상을 엿보는 시간. 이곳에서 일하며 살아가기 때문에 마주할 수 있는 또 다른 일상적 풍경이다.

어질어질, 첫 실수, 첫 인쇄 사고

디자이너로 일하면서 가장 등골이 오싹할 때가 있다. 바로 인쇄 실수를 뒤늦게 발견하는 경우다. 몇천, 몇만 혹은 더 많은 부수의 인쇄물이 후가공, 제본, 재단까지 마친 상태로 내 앞에 도착했는데 열자마자 실수를 발견하면 그야말로 눈앞이 어질어질하다.

무수히 많은 실수담 중에 지금도 떠오르는 입사 초기의 실수담을 하나 해 볼까? 입사 초기 나는 회사 매거진을 디자인하는 임무를 처음 맡게 되었다. 이제 막 입사해 아무것도 모르는 상태여서 영업부 무싸와 함께 합을 맞추며 디자인을 완성했다. 그리고 마지막 단계에서 무싸는 인쇄소 담당자의 이메일 주소를 건네며 인쇄 파일을 보내면 된다고 알려주었다.

그런데 막상 파일을 보내려고 하니 어떤 형식의 파일로 보내야 할지 헷갈리기 시작했다. 디자인 파일을 보내야 하나? 아니면 인쇄용 PDF 파일을 보내야 하는 걸까? 인쇄용 파일이라면 상세 설정은 어떻게 해야 하지?

그때는 전 디자이너의 파일이 컴퓨터에 남아 있어 그 파일을 활용해 디자인했다. 그런데 신기하게도 그 파일은 앞표지와 뒤표지가 붙어 있어 내가 아는 방법으로 PDF 파일을 저장하면 앞표지 자리에 뒤표지가 오면서 한 쪽씩 뒤로 밀렸다. 분명 이상했지만, 원래 파일이 이러니 이렇게 보내면 인쇄소에서 알아서 해주는 걸까? 워낙 오래 거래한 인쇄소니까 눈빛만 봐도 척척인가? 이런 생각이 들었다. 사실 매거진 이전 호의 PDF 파일과 비교하면서 인쇄소 담당자에게 확인하며 정확한 파일을 준비하면 되었는데 나는 당시 이제 막 입사한 신입사원. 입사 초의 혼란 속에서 이전 파일을 보기만 해도 머리가 팽팽 돌며 어지러웠다. 게다가 프랑스어도 부족했으니 인쇄소에 전화를 걸어 더듬더듬 기본적인 질문을 하면 얼마나 우스워 보일까, 하는 쓸데없는 생각마저 들었다.

그래서 지금 생각하면 절대 그러면 안 되는데 내부에서 해결하자 싶어 무싸에게 파일을 보여주며 물어보기로 했다. 그것도 페이지가 이러저러한데 이게 맞는지 프랑스어로 아주 세세하게 물어보아야 했는데 나는 "페이지 이렇게 되는 거…, 맞아?" 정도로밖에 물어볼 수 없는 수준이었다.

어찌어찌 겨우 파일을 넘기고 시간이 흘러 완성된 인쇄물이 도착했다. 회사에 입사해 처음 만든 첫 매거진. 설레는 마음으로 인쇄물 포장지를 뜯었다. 그런데 어라, 왜 뒤표지가 앞표지 자리에 있지? 한 장을 넘기니 진짜 앞표지가 나왔다. 이런, 인쇄소에서 알아서 해주는 게 아니었구나. 순간 아찔했다. 불안이 현실이 된 순간.

일단 수습이 급선무였다. 잘못 나온 매거진을 들고 이곳저곳 돌아다니며 연신 죄송하다 말씀드리고 대책을 찾기 시작했다. 그런데 다시 제작하자니 예산이나 매거진 배부 시점이 모두 애매했다. 그래서 어떻게 되었냐고? 결국 페이지가 뒤틀린 요상한 매거진이 그대로 널리 널리 퍼지게 되었다.

이후에도 당연히 일하며 실수한 적도 많지만, 프로젝트 디자인을 마치고 다음 단계로 넘어갈 때마다 입사 초기에 했던 이 실수가 떠오른다. 실수 없이 완벽한 사람은 없다지만 심장이 떨어지는 듯한 아찔한 순간은 언제나 피하고 싶다. 그래서 늘 새롭게 다짐한다. 지난번처럼 다 완성된 후에 빼도 박도 못하는 상황을 만들지 말자, 처음부터 세세하게 여러 번 확인하고 모르는 건 부끄러워도 질문하자고 말이다. 몇 년도 더 지난 일이지만, 그 매거진이 지금도 어딘가에 숨 쉬고 있을지 모른다고 생각하면, 지금도 아찔하다.

나의 당연함이
모두의 당연함일 수는 없다

입사 후 첫 번째 미션이었던 모델 촬영은 선임 디자이너와 작업한 모델과 진행했다. 같은 제품도 모델에 따라 느낌이 다르기도 하고 새로운 디자이너가 왔으니 함께 새로운 모델을 찾아보자고 제안받아 야씬과 만나게 되었다. 야씬은 콘텐츠 촬영을 하러 갔던 살롱에서 섭외한 모델이었는데 헤어 라인과 두상이 예쁘고 미소가 상큼해 우리 회사 모델로 괜찮을 듯해 연락해 함께 일하게 되었다. 그런데 나도 촬영 경험이 거의 없고, 야씬도 고등학생인 데다 모델 경험이 거의 없었다. 그래서 촬영이 있을 때마다 둘이서 포즈나 표정 등 자료를 같이 찾고 촬영 콘셉트를 함께 의논하며 협업했다.

    가발 회사라는 특성상, 촬영할 때는 모량이 풍성해 보이도록 스타일링한다. 그만큼 머리가 무겁고 몇 시간 땋은 머리가 망가지면 안 되어서 모델이 옷을 갈아입을 때 보통 개발실 직원들이 도와준다.

그렇게 나도 야씬이 옷을 갈아입는 걸 돕게 되었다. 그러면서 어쩔 수 없이 야씬의 속옷을 보게 되었다. 야씬은 자신의 실제 가슴둘레보다 훨씬 큰 브래지어를 바짝 당겨서 묶어 착용하고 있었다. 오늘만 이렇게 입은 걸까? 아니면 평소에도 이렇게 입는 걸까? 상황이 이러니 촬영 의상이었던 원피스 등 쪽에 매듭이 불뚝 튀어나왔다. 다행히 브레이드가 길어 가려졌지만, 불편한 속옷 때문에 등과 어깨의 자세가 부자연스러워 포즈를 바꿀 때마다 어깨와 허리를 펴라고 말해야 했다.

나는 이때 솔직히 조금 당황스러웠다. 야씬에게 왜 큰 속옷을 착용하는지 조심스럽게 물어보고 싶었지만, 실례되거나 상처받을 수도 있는 상황이었다. 그러면서 어렸을 때 속옷 사이즈를 재는 방법과 사이즈에 맞게 입어야 한다는 것을 처음 배우던 때도 생각났다. 부착형 브래지어는 20대가 된 이후에 알았기 때문에 만약 야씬도 나처럼 모른다면 알려주고 싶었다. 하지만 가족도 친구도 아닌, 일로 만난 내가 어떤 사정이 있는지도 모르면서 이런 민감한 이야기를 잘할 수 있을지 자신이 없었다. 더군다나 외국인이다 보니 언어적 한계도 있었다. 되도록 감정이 상하지 않도록 섬세하게 말하고 싶어도 중간에 오해가 생길 게 분명했다. 결국 나는 물어보는 대신 다음 촬영부터 부착형 브래지어를 준비했다.

    야씬과는 촬영 때마다 중간중간 이런저런 이야기를 나누며 친밀감을 쌓았다. 그런데 그 친밀감과 함께 나도 모르게 튀어나왔을 인식의 차이 혹은 문화나 경제적 차이에서 생기는 벽과 거리감도 존재했을지 모르겠다는 생각이 들었다. 이런 경험들을 겪으며 지금은 다른 나라 사람과 다소 민감할 수 있는 주제에 관해 이야기할 때 나의 당연한 기준이 다른 사람에게도 당연할 수 없다는 사실을 잊지 않으려고 노력한다.

라마단? 꼬리떼?? 따바스키???

세네갈은 이슬람 국가는 아니다. 하지만 무슬림의 비율이 높다 보니 이슬람 공휴일도 기념한다. 이슬람 문화 중 특징적인 절기를 뽑자면 라마단(Ramadan)이 있다. 한 달 동안 이어지는 라마단 기간에는 해가 떠 있는 동안 음식을 먹을 수 없다. 그래서 우리 회사 무슬림 직원들은 출근 전 이른 새벽에 간단히 식사한 뒤 퇴근하고 해가 진 다음 다시 밥을 먹는다. 그러다 보니 이 기간이 되면 점심시간이 30분 짧아지고 30분 일찍 퇴근하는 등 회사에도 몇몇 변화가 생긴다.

　라마단 기간에 사무실 직원들은 기운도 없고 예민하다. 그런 직원들을 두고 밥을 먹으러 갈 때면 눈치도 보이고 미안하다. 공장에서는 높은 육체적 노동 강도와 계속되는 금식에

기절해서 실려 가는 사람들까지 있었다. 나는 이런 상황을 지켜보며 쓰러져 가면서까지 해야 하나, 싶은 마음도 들었다. 기도에 더 집중하고 배고픈 이웃의 고통을 생각하는 기간이라지만, 너무 힘들어 보였기 때문이다. 그런데 직원들의 이야기는 좀 달랐다. 금식을 통해 몸과 마음이 건강해지는 느낌이라고 했다. 그러면서 나에게 일주일이라도 같이 해보면 어떻겠느냐고 제안하는 직원도 있었다. 매년 돌아오는 종교 행사이다 보니 원래의 의미가 옅어지거나 한 번은 대충 건너뛰고 싶다는 둥 다른 생각이 들 수도 있을 텐데 내 주변 직원들은 나에게 라마단을 추천할 만큼 충실하고 유익한 시간을 누리고 있다고 느꼈다. 그래서 이 기간이 되면 나는 속으로 응원했다. '조금만 힘내요!'

긴 라마단 기간이 무사히 끝나면 그것을 기념하기 위해 꼬리떼(Korité)라는 명절을 보낸다. 이때 사람들은 새 옷을 맞추고 머리도 하고 가족이 다 같이 모여 식사한다. 그리고 꼬리떼 때 비용을 조금 아껴 두었다가 두 달 뒤에 오는 따바스키(Tabaski)를 다시 성대하게 기념한다. 따바스키는 무슬림들의 가장 큰 축제로 가족, 이웃과 음식을 나눈다. 이때 거리에는 양을 판매하는 시장이 열리는데 따바스키가 다가올수록 양은 통통하게 살이 올라 가격도 비싸진다. 직원들은 양을 미리 저렴한 가격에 사서 집에서 키우는 것도 좋은 방법이라며 나름의 팁을 알려주었다.

명절이 되면 다들 시골에 내려가 다카르에는 차가 없다. 그러다 보니 장을 보거나 놀러 다닐 때 길이 막히지 않아 좋았다. 한편으로는 명절을 가족과 보내지 못하니 가족과 함께 시간을 보낼 세네갈 사람들이 부러웠다. 그래서 이슬람 명절에는 한국 직원들끼리 모여 우리 식으로 명절을 보냈다. 그때는 주로 모두 좋아하는 중국 식당에 갔다. 마파두부와 가지볶음, 볶음밥, 고추가 들어간 닭 요리 등 오랜만에 매콤한 음식을 먹으며 한국어를 쓰는 사람들과 모여 이야기를 나누는 시간. 그러면 나름 괜찮은 명절을 보냈다는 생각도 들었고 허전한 마음도 달랠 수 있었다.

김가의 양시장

땅콩과 참치회를 나누고
생일 축하를 하는 회사

아침에 출근하면 "앗살라무 알라이쿰" "알라이쿠뭇 살람"으로 인사를 나누며 일과를 시작한다. 오후 1시부터인 점심시간은 아직 멀었고 배는 일찍부터 고프다. 그럴 때 요깃거리가 있으면 좋다. 회사 근처에 슈퍼는 없어도 구운 땅콩을 소포장해 파는 가게 등 간단하게 길거리 음식을 사 먹을 수 있는 가게가 있었다. 영업부 및 디자인부 사무실에서 최고령 직원인 삼바는 땅콩 가게에서 땅콩을 여러 봉지 사서 직원들에게 종종 나누어 주었다. 세네갈은 땅콩 생산량이 많고 맛도 아주 좋아 배고플 때 먹으면 몇 배는 맛있었다.

사무실에서는 한 달에 한 번씩 직원들이 같이 모여 그 달의 생일자를 축하했다. 생일 축하 노래는 월로프어, 프랑스어,

영어로 세 번 불렀다. 출근길에 사 온 케이크와 인도식 튀김만두인 사모사(samosa) 같은 간식을 사람 수대로 접시에 골고루 담아 축하 노래가 끝나면 함께 맛있게 먹었다.

가끔 퇴근해서 냉동고를 열어보면 큰 참치 덩어리가 종종 들어 있었다. 세네갈에는 수산업에 종사하는 한인이 많은데 세네갈 생활이 길어 발이 넓은 이사님이 지인에게 참치를 받으면 직원들에게 나누어 주었다. 갑작스럽게 참치 선물을 받으면 그날은 미리 계획했던 저녁 메뉴를 아주 즐거운 마음으로 바꾸고 싱싱한 참치회를 먹는 참치 파티를 열었다. 참치는 다음 날 참치회덮밥을 곱빼기로 만들어 먹어야 겨우 다 먹을 수 있을 정도로 언제나 양이 많았다.

사택에 사는 사람들은 같이 일하는 동료이자 이웃이었다. 퇴근 후에도, 주말에도 회사 사람들을 마주칠 수 있다 보니 늘 긴장의 끈을 놓을 수 없었다. 아마 이건 나뿐 아니라 사택에 사는 모든 사람이 같은 마음이었을 것이다. 그렇기 때문에 서로 조심하기도, 무난한 관계를 위해 노력하기도, 적당히 서로에게 무관심하기도 했다.

일로 엮여 있는 관계라 어렵고 껄끄러울 때도 물론 있지만 스트레스를 받을 때면 종종 함께 식사하며 서로를 위로하고 다독였다. 내가 한국에 있었다면 회사 사람들과 이런 관계로 지낼 수 있었을지는 솔직히 잘 모르겠지만, 이곳에서만큼은 서로 의지하는 존재라는 것만은 분명했다.

땅콩 봉지, 케이크와 사모사, 참치회

회사 밖에서는 이렇게 놀아
(2) 세네갈 속 중국, 일본, 이탈리아

나도 외국인이지만, 마트, 카페, 식당을 다니다 보면 가끔 다른 외국인을 볼 때가 있어. 그럼 저 사람은 여행으로 잠시 온 걸까? 아니면 나처럼 몇 년 동안 일하러 온 걸까? 혼자 상상해 보곤 해. 이곳에서 태어나지 않은 이상 다른 외국인도 나처럼 세네갈로 오기까지 여러 선택을 했을 거잖아? 그래서 각자 어떤 이야기를 갖고 있는지 궁금하더라고. 근데 정작 물어보려고 하면 쑥스러워서 직접 물어보지 못했어. 언젠가는 용기 있게 물어볼 수 있으면 좋을 텐데. 어쨌든 그 대신에 내가 자주 가던 곳 중에 외국인이 운영하는 장소들이 있었는데 세네갈에 자리잡고 사는 외국인 사장님들이 꾸리는 공간 그리고 이곳에서 내가 보고 겪은 이야기를 나누어 볼까 해.

중국 마트와 중국 농장

외교적으로 한중 관계가 복잡하다고 해도 해외에서 살다 보면 중국인 커뮤니티만큼 든든한 게 또 없더라. 내가 사는 지역에는 중국 식당이 여러 곳 있어 선택지가 넓었고, 중국 마트에서는 중국 농장에서 들여온 신선한 채소를 살 수 있었어. 우리 회사에도 중국인 직원들이 있었는데 한 번은 그들을 따라 농장에 간 적이 있었어. 탁 트인 넓은 대지에 가지, 고추, 콩 줄기, 대파 등 많은 종류의 채소를 직접 골라 딸 수 있었지. 공심채, 여주 그리고 이름조차 모르는 다양한 채소를 여기에서 처음 알았어. 주중에 먼지가 날리는 회사에만 있다가 주말농장 체험하듯 촉촉한 흙을 밟으며 탱탱한 채소가 담긴 큰 봉지를 품에 안고 집으로 돌아가면 한동안 마음이 든든했어.

일본 식당과 편집숍, 맛차 카페

지인 소개로 알게 된 와고코로(Wagokoro)는 일본인이 하는 식당이야. 한식 못지않게 그리웠던 가라아게, 오코노미야키, 라멘 등 일본 음식을 먹을 수 있는 소중한 곳이었어. 식당 외관은 세네갈 스타일의 건물인데 내부는 사장님이 섬세하게 고른 일본 장식품 등이 놓여 있어 일본 느낌이 물씬 풍겼어. 그런 공간에서 열심히 일하는 사장님을 보고 있으면 마치 일본 청춘 영화의 한 장면을 보는 듯했지.

식당 옆에는 작은 옷 가게도 있었어. 세네갈에 온 일본인 패션 디자이너가 만든 옷을 판매하는 곳이야. 세네갈 원단의 옷과, 일본 원단의 옷이 한 공간에 전시되어 일본과 세네갈 문화가 멋지게 조화를 이루고 있었어. 이 디자이너는 내가 세네갈에서 봤던 사람 중 가장 옷을 잘 입는다고 할 정도로, 갈 때마다 매번 다

른 스타일로 반갑게 맞아주었어. 그런데 디자이너가 다시 일본으로 돌아가게 되어 옷 가게는 식당 사장님이 편집숍으로 운영하게 되었어. 1년에 한 번 식당 사장님이 일본에 들어갈 때마다 사 오는 옷, 접시, 식료품 등으로 공간이 채워졌고 점점 현지 아티스트와 같이 제작한 공예품도 자리하게 되었어.

한국 카페를 그리워하는 한국인은 다카르에 한국식 카페를 차리면 장사가 잘될 거라고 했어. 그러던 어느 날 파리의 요리학교 르코르동블루를 졸업한 일본인이 다카르에 맛차 카페를 열었어. 맛차로 만든 음료부터 버블티, 맛차 티라미수, 치즈 케이크, 간단한 스시롤 같은 식사 메뉴까지 있는 종합 힐링 공간이었지. 이곳은 금세 한국인의 단골 가게가 되었고, 세네갈 지방에서 일하는 한국인도 다카르에 올 때마다 버블티와 맛있는 디저트를 꼭 먹고 돌아가곤 했어.

이탈리아 식당

하루는 지인 생일 파티가 있어 이탈리아인 가족이 경영하는 식당에 갔어. 주택을 개조해 운영하는 식당이라 마치 친구 집으로 밥을 먹으러 간 기분이었지. 화덕 피자와 리소토, 샐러드를 주문해 먹고 디저트로 티라미수가 나오기를 기다렸어. 그런데 아무리 해도 나오지 않는 거야. 일단 화장실이나 가야겠다 싶어 일어나 주방 앞을 지나게 되었는데 열린 문틈으로 사장님 아들로 보이는 젊은 이탈리아 남자가 크림을 열정적으로 휘젓고 있는 모습이 보였어. 오래 걸리는 이유가 있었구나. 순간 납득하고 자리로 돌아와 차분하게 디저트가 나오기를 기대하며 기다렸어. 그리고 드디어 내 앞에 놓인 티라미수. 역시나 먹어본 티라미수 중에 단연코 최고였어.

2년차는 노련한 경력직

Chapitre 04

드디어 나에게도 후배가!?

나도 신입인데 신입 디자이너를 뽑게 되었다. 내 업무를 지원하고 한국인 디자이너의 공백이 생겨도 업무를 진행할 디자이너로 키울 수 있는 사람을 뽑기 위해서였다. 가장 먼저 할 일은 공고 올리기. 그런데 상세 조건을 프랑스어로 쓰려니 막막했다. 기술적인 조건을 표현하는 건 수월해도, '협동적인 사람' '자기 주도적인 사람' 등 추상적인 조건을 프랑스어로 쓰기가 어려웠다. 사전으로 단어를 일일이 찾아서 쓰자니 자연스럽지 않을뿐더러 내가 전달하고 싶은 의미에서 더 멀어질 것 같았다. 그래서 링크드인이나 글래스도어 같은 채용 사이트에서 프랑스어로 된 디자이너 공고를 찾아보며 내가 원하는 문장과 단어를 수집한 뒤 응용해 모집 공고를 만들었다.

프랑스의 영향을 많이 받은 세네갈은 행정이나 서류도 프랑스와 비슷한 점이 많았다. 이력서도 마찬가지. 프랑스식 이력서는 증명사진보다 자신을 잘 표현할 수 있는 사진과 함께 취미와 음악, 스포츠 같은 관심 분야를 꼭 적는다.

지원자 서류를 검토하며 고려한 점은 성별과 나이였다. 세네갈은 보수적인 이슬람 문화권이다. 나는 외국인인 데다가 아직 어려서 나보다 연령대가 높은 세네갈 남성 직원을 팀원으로 뽑으면 일할 때 내가 이끌어가기 어려울 거라는 조언을 들었다. 그러고 보니 현지 상인들과 자주 만나는 한국인 영업부 관리자도 너무 어리거나 순해보이면 상인들이 무시할 때가 있어 나이 들어보이도록 수염을 기르는 사람도 있었다.

일정 기간 이력서와 포트폴리오를 받아 검토한 뒤 최종 후보를 뽑고 면접 날짜를 잡았다. 면접은 프랑스어로 진행해야 해서 영업부 티디안의 도움을 받았다. 내가 준비한 질문 위주로 진행하고 중간중간 티디안이 질문을 던졌다. 면접이 끝나고 내가 놓친 부분은 티디안에게 다시 물어봐 설명을 들었다. 그렇게 마리아마라는 디자이너를 최종 합격자로 뽑았다. 마리아마는 나보다 1살 많았는데 취미가 사진 촬영이었고, 영상 촬영과 편집 경험도 있었다. 살롱 촬영 때는 아무래도 미용사나 모델과 현지어로 소통하며 편안한 분위기에서 찍어야 좋으니 마리아마가 현장에서 도움이 될 것이라는 생각이 들었다.

    모집 공고를 만들며 내가 몸담은 분야가 패션 뷰티 분야라 함께 일할 사람은 스타일에 관심이 많고 헤어스타일을 자주 바꾸는 사람이지 않을까 상상했다. 그런데 마리아마는 본인의 선택으로 히잡을 착용하면서 히잡과 옷과 가방, 신발 등의 재질과 색상을 고급스럽고 조화롭게 연출해 세련된 느낌이 드는 사람이었다. 내 상상과는 조금 달랐지만, 같이 일하며 합을 맞출 하루하루가 기대되었다.

협업하며 함께 성장하기

내가 일하던 무렵 세네갈에서는 SNS가 페이스북과 스냅챗에서 인스타그램과 틱톡으로 옮겨가고 있었다. 이들 매체에서 볼 수 있는 콘텐츠는 대부분 현지어로 만들어졌다. 그렇기 때문에 내가 빠르게 변하는 현지 트렌드를 파악하는 데 한계가 있었다. 그때마다 마리아마가 도움을 주었다. 마리아마는 협업할 사람을 찾을 때 SNS에서 발견한 사람이 어떤 유머 코드와 어느 정도 호감도를 가졌는지 설명해 주었다. 직원들에게 요즘 인기 있는 사람을 물어보면 국민 배우, 국민 가수를 말해 주었지만, 마리아마는 요즘 젊은 사람들이 좋아하는 드라마와 배우, 인플루언서를 잘 알고 있었다.

마리아마의 추천으로 알게 된 메무나는 인스타그램에 메

이크업 콘텐츠를 올리는 메이크업 아티스트이자 인플루언서였다. 메무나가 만드는 콘텐츠는 다양한 스타일의 메이크업이 장점이었다. 그런데 헤어스타일의 경우는 평상시에 자주 착용하는 생머리 가발을 활용해 스타일을 살짝 바꾸거나 같은 헤어스타일로 메이크업만 다르게 올렸다. 그걸 보고 우리 브랜드 제품으로 콘텐츠를 만들면 메무나의 스타일도 다채로워지고 서로에게 긍정적으로 작용하지 않을까 생각했다. 그렇게 메무나에게 함께 콘텐츠를 만들자고 제안, 메무나의 메이크업과 감각 있게 연출한 다양한 헤어스타일이 시너지 효과를 내며 SNS에서 반응이 좋았다.

마리아마와 팀으로 작업하면서 많은 면에서 발전해 갔다. 특히 모델 사진이 상당히 달라졌다. 브레이드는 한 가닥 한 가닥이 굵은 선적인 요소로 작용하므로 앞쪽 브레이드 가닥을 어깨 앞으로 놓을지 귀 뒤로 넘길지 이마를 살짝 가려 연출할지에 따라 인상이 많이 달라진다. 나 혼자 촬영을 담당했을 때는 내가 모델과 카메라를 오가며 촬영했다. 한 가닥 한 가닥 세팅하고 다시 카메라로 돌아와 사진을 찍으면 그 사이 머리 모양이 미묘하게 달라지고는 했다. 그럼 덜 만족스러운 컷을 얻거나 다시 손을 보고 찍어야 했다. 한 가지 작업에 집중하기가 어려웠던 것이다. 그런데 마리아마가 오고 나서는 한 명은 카메라, 한 명은 모델 옆에 붙어 작업하니 같은 시간에 더 좋은 사진을 많이 얻을 수 있었다.

멋진 메이크업을 완성하는 메무나와 매번 근사한 헤어스타일을 연출하는 개발실 직원들, 우아한 포즈를 취하는 모델과 순간순간 합을 맞추며 촬영하는 마리아마와 나. 사실 혼자 촬영할 때는 경험도 많지 않아 사진 컷에 대한 확신도 별로 들지 않고 매번 허둥대는 기분이었다. 자신도 없어서 촬영 후 사진을 보며 그나마 나은 컷을 고르는 게 전부였다. 그런데 혼자가 아니라 같이 있으니 든든하고 결과물도 단단해지는 느낌이 들었다. 여러 사람의 머리가 모여 의견을 내고 순간순간 어떤 점이 좋고 아쉬운지 이야기하면서 촬영하기 때문이었을까, 팀으로 작업하는 횟수가 늘 때마다 마음에 쏙 드는 사진이 하나하나 늘었다. 사진을 보며 같이 뿌듯해하는 동료들의 모습을 바라보며 함께 일하는 즐거움과 보람을 느꼈다.

의견 조율은 역시 쉽지 않아

시라를 처음 본 건 영업부 티디안이 보여준 인스타그램에서였다. 한창 모델 후보를 찾는 중이었는데 시라는 기존 모델에게 없는 고양이 같은 매력이 있었다. 눈매가 날카롭지만, 입매를 살짝 올리면 묘하게 빠져들 정도로 매력적이었다. 모델은 여러 부서에서 함께 정하며 보통 한국인 직원과 세네갈 직원의 의견이 맞물리는 지점에서 결정한다. 그렇게 시라도 우리와 함께 일하게 되었다. 그런데 신기하게도 시라는 한국인 직원들의 눈에는 정말 매력적이어도, 세네갈인인 무싸와 티디안은 그저 나쁘지 않다는 정도의 반응만 보였다.

하루는 신제품을 위한 포스터와 패키지에 들어갈 사진을 찍기 위해 시라를 포함한 여러 모델과 촬영하게 되었다. 촬영

후에 패키지에 들어갈 메인 사진을 고를 때가 되어 나와 다른 한국인 직원들은 시라의 사진을 골랐다. 그런데 세네갈 직원들이 반대했다. 세네갈의 전형적인 미인상은 도톰한 입술에 둥근 눈매인데 시라가 지닌 고양이상의 얼굴을 패키지에 대표 이미지로 넣는다면 제품이 시장에서 잘 통하지 않을 거라는 게 이유였다.

유럽 쪽 거래처에서 모델 사진을 요청받아 사진을 보내면 시라의 사진이 채택되는 일이 자주 있었다. 그러니 시라가 분명 매력적인 얼굴인 건 확실했다. 똑같은 세네갈 사람이어도 사람에 따라 의견 차이가 있을 수 있다. 마리아마처럼 시라에 긍정적인 세네갈 직원들도 있었으니까. 그렇다고 경험 많은 무싸와 티디안의 의견을 무시하고 시라 사진을 밀어붙일 수도 없는 노릇이었다. 그때 문득 티디안이 했던 말이 생각났다. 거래처에서는 모델 사진은 무조건 크게 넣어달라고 한다는 것이었다. 상점에서 다양한 제품이 빽빽하게 진열된 가운데 눈에 잘 들어오려면 패키지 색상도 중요하지만 모델 사진이 예쁘고 커야 잘 보인다고 했다. 그리고 세네갈의 문맹률을 고려할 때 제품의 이름이 아닌 모델 사진으로 제품을 기억하는 사람도 있다고 했다. 패키지가 제품 연출 모습을 보여주는 사진 역할만 할 줄 알았는데 내가 미처 생각하지 못한 다른 역할도 있었던 거였다. 도시인 다카르뿐 아니라 전국을 다니며 사람들을 만나는 무싸와 티디안의 조언에는 역시 내가 알지 못하는 이유가 담겨 있었다. 결국 시라가 아닌 다른 모델 사진으로 신제품을 출시했다.

한창 내가 시라의 사진을 주장할 때는 드디어 시라의 사진을 제품 메인 사진으로 사용한다는 설렘과 기대감이 있었다. 그간 잡지나 SNS 이미지 등에서 시라의 매력이 제품을 한층 더 빛나게 했던 만큼, 제품 메인에 시라의 사진을 넣으면 홍보에 좋은 시너지가 날 것 같았다. 그런데 세네갈 직원들의 말에 내 이런 생각이 쉽게 흔들렸다. 그만큼 내 의견에 나조차 확신이 없었다는 말이었다. 나의 의지대로 밀어붙였을 때 결과를 책임질 수 있을지, 다른 디자인 제안으로 세네갈 직원들과 시장을 설득할 수 있을지 자신이 없었다. 내가 승부사가 되기에는 지식, 경험, 세네갈 문화에 대한 이해가 부족했다. 그래서 부족한 나의 의견은 접고 세네갈 직원들의 감을 믿고 가보기로 했다. 같은 팀으로 의견을 하나로 모았으니 이제 내가 할 일은 나의 자리로 돌아가 우리 팀의 의도를 잘 살릴 수 있도록 디자이너로서 역할을 잘 해내면 되는 것. 결국 이 모든 과정이 좋은 결과를 만들어 내기 위한 모든 이의 노력이고 또 조직 생활이라는 생각이 들었다.

아프로헤어와 지속 가능성

하루는 영업부 티디안이 이 모델 어떠냐며 아미나타의 사진을 보여주었다. 아미나타의 SNS에는 패션모델로 작업한 사진과 함께 원래 자신이 지닌 머리카락의 볼륨감을 살려 아프로헤어스타일링을 연출한 일상 사진이 많았다. 티디안을 통해 약속을 잡고 며칠 뒤 아미나타가 회사를 방문했다. 아미나타는 깔끔하게 정돈된 아프로헤어에 긴 원피스를 입고 왔다. 말랐지만, 탄탄하고 예쁜 골격에 부드러우면서도 강한 눈빛이 모델다웠다. 바로 회사 안 스튜디오로 이동해 카메라 테스트를 진행했다. 스타일을 연출할 때 특히 중요한 앞머리 라인이나 두상 등을 세세하게 확인했다. 이후 다른 직원들과 함께 논의해 바로 모델 계약을 체결하고 다음부터 함께 촬영을 진행하기로 했다. 아미나타는 평소에 본인이 가발을 거의 착용하지 않지만, 가발 헤어 모델로서 일하는 게 본인에게 새로운 도전이 될 거라고 했다.

아미나타는 기대했던 대로 브레이드, 위빙 헤어 등을 잘 소화했다. 연출하는 스타일마다 깔끔한 포즈와 각도를 보여주었고 그녀가 지닌 고급스러운 분위기 덕분에 제품도 훨씬 멋있어 보였다. 그러면서 평소에 가발 없이 아프로헤어로 다니는 아미나타가 아프로헤어 느낌의 위빙 헤어를 촬영하는 날 유독 더 편안해 보였다는 점을 깨달았다. 그러자 문득 이런 생각이 들었다. 본래 자신이 지닌 머리를 덮고 가리고 매번 땋고 손질하는 일에는 시간과 품이 든다. 그런데도 흑인에게 가발은 어떤 의미가 있을까?

가발의 역사는 고대 이집트에서 시작되었는데 화려하게 장식을 섞은 가발로 높은 신분을 드러냈다. 이후 노예무역이 성행하던 시대에는 주인이 흑인 노예의 정체성을 지우기 위해 머리를 밀고 가발을 씌웠다. 지금이야 개인의 취향과 스타일을 표현하는 수단이지만, 직장에서 단정한 생머리 스타일의 가발을 써야 하는 등 자신의 원래 머리를 가리는 목적으로도 사용된다.

가발 분야에서 인모는 오랫동안 사용하는 고급 가발에

활용되며, 주로 미국 시장이나 코셔 시장 등에 유통된다. '코셔'는 유대인 율법에 따라 제작했다는 인증으로 코셔 가발의 경우 인모 기증자의 종교에 따라 선별해 제작된다. 반면 한 달 정도의 짧은 주기로 교체되는 브레이드, 위빙 헤어는 비싼 인모보다 가격이 저렴한 인공 원사를 사용한다. 사실상 플라스틱 섬유인데 자주 교체하는 만큼 자연 분해되지 않는 쓰레기가 엄청나게 발생한다.

그러한 문제들 때문에 요즘에는 타고난 머리를 살려 스타일링하고 가발로 인해 생기는 쓰레기 문제를 해결하기 위한 여러 시도가 곳곳에서 일어나고 있다. 한 예로 우간다의 브랜드 슈부오가닉(Cheveux Organique)의 창립자 줄리엣 투무시메(Juliet Tumusiime)는 바나나 나무의 섬유로 브레이드 제품을 만들었다. 금방 쓰고 버려지는 브레이드 쓰레기를 보고 제품에 착안한 만큼, 자연 친화적 재료로 품질 좋은 제품을 만들자는 생각이 브랜드의 시작이었다. 자연 분해되기 때문에 지속 가능하다고 볼 수 있지만, 여전히 생산 과정이나 비용 등 문제는 해결점으로 남아 있다.

더불어 흑인 고유의 머리카락을 살려 스타일링하면서 흑인 머리카락에 얽힌 복잡한 역사와 차별을 뒤로 하고 흑인의 머리카락을 통해 자유를 말하는 내츄럴 헤어 무브먼트(Natural

Hair Movement)도 활발하게 일어나고 있다. 이러한 시대 흐름 속에서 가발 산업은 어떤 자세를 취해야 할까?

내가 내린 답은 좋은 옵션이 되자는 거다. 머리카락 본연의 질감을 살려 아프로헤어로 연출하는 날도 있고, 브레이드나 다른 제품을 사용해 스타일링을 하는 날도 있으면 된다. 대신 사람들이 원하는 스타일을 100%, 200% 연출할 수 있는 제품이나 브랜드가 가발 산업에도 있어 이를 뒷받침한다면 괜찮을 것이다.

이번 카탈로그의 주인공은 바로...
두구두구두구

어느 날 모델 살리가 촬영 때 예쁜 원피스를 입고 왔다. 어디서 샀는지 물었더니 직접 주문 제작한 옷이라면서, 아는 재단사에게 원하는 디자인과 원단을 대략적으로 알려주면 만들어 준다고 했다. 우리 촬영용 옷도 주문 제작하면 좋을 것 같아 마리아마와 인터넷 쇼핑하듯 재단사의 인스타그램 계정을 구경했다. 그리고 일단 한 벌만 시험 삼아 제작해 보기로 하고 살리가 입고 온 원피스와 비슷한 디자인에 새틴 재질로 의뢰를 넣었다. 색상은 메인 브랜드의 색상이면서 흑인의 피부 톤과도 잘 어울리는 귤색으로 정했다.

다음 촬영 날, 살리가 재단사에게 완성된 옷을 직접 받아와 가방에서 꺼냈다. 전체적으로 고급스러운 광택이 감도는 옷이었다. 실제로 입으면 어떤 느낌일지도 궁금해 살리에게 입어보도록 했다. 결과는 대성공. 살리의 우아한 분위기가 잘 살면서 화려해 보이기도 했다. 색감도 기대했던 대로 피부 톤과 잘 어울렸다. 나는 도전하기 어려운 옷이었기 때문에 찰떡같이 소화하는 살리를 보며 대리만족했다.

이날 촬영할 제품은 컬이 살아 있어 둥근 실루엣이 연출되는 위빙 헤어로, 새로운 의상과 함께 연출하면 마치 시상식장의 디바와 같은 모습을 촬영할 수 있을 듯했다. 촬영이 시작되자 지금까지 마리아마와 합을 맞춘 경험과 살리의 당당하고 우아한 포즈와 표정이 어우러져 만족스러운 사진이 나왔다. 그리고 이번에 찍은 살리의 사진을 다 같이 훑어보며 스타일북 표지로 쓰면 좋겠다는 의견이 나왔다. 1년에 한 번 나오는 스타일북은 전체 제품이 들어가는 카탈로그로, 한 해 동안 사용하기 때문에 표지 사진이 꽤 중요하다. 그래서 어떤 사진을 표지로 쓸지 고민하던 참이었는데 마침 카탈로그에 쓸 만한 사진을 생각지도 못하게 얻게 된 것이었다.

살리, 이번 카탈로그 표지의 주인공은 귤색 원피스의 바로 너야.

꾸준하게, 자신 있게

회사에서는 정기적으로 매거진을 발행한다. 주로 신제품 소식과 제품 스타일링 제안, 살롱과의 인터뷰 및 판매자 홍보와 같은 내용이 담긴다. 무료로 배포하는 16쪽의 얇은 매거진이지만, 매번 완성할 때마다 뿌듯하고 홍보 효과도 좋은 편이다.

매거진을 만들려면 먼저 코너별 제품을 선정해야 한다. 그리고 외부 살롱 촬영이 필요할 때는 영업부 직원들의 조율을 거친 뒤 살롱에 방문한다. 촬영과 편집 디자인은 나의 몫이지만 원고는 영업부 직원들이 쓴다.

입사 초반에는 영업부 무싸가 리드하고 내가 따라가는 방식이었다. 그때는 어느 코너에 어떤 제품을 선정할지 무싸가 결정해 제품 매거진을 어떻게 구성하고 각 코너마다 어떤 점을 강조할지 등 나에게 영어로 설명해 주었다. 아직 내가 제품을 다 파악하지 못했고 어떤 식으로 매거진이 제작되는지 몰랐기 때문이었다.

그러다 2년 차부터는 내가 영업부 직원들과 마리아마를 소집해 회의를 진행했다. 둥근 테이블에 둘러앉아 프랑스어로 편안하게 회의하면서 직원들의 의견을 전보다 정확하게 이해하게 되었고, 나 또한 내가 생각하는 바를 더 또렷하게 말할 수 있었다. 어떤 제품을 사용해 어떤 스타일을 해보자는 제안을 할 수 있을 만큼 제품과 스타일링에 대해 지식이 쌓여 있었다. 그렇게 회의하는 내 모습이 뿌듯했고 멋있었다.

SNS에 제품 사진을 올리면 사람들이 댓글로 이 제품은 어느 판매자를 통해 살 수 있는지 물어보고는 했다. 일일이 연락해 지역을 물어보고 인근 판매자를 연결해 주는 일이 반복되면서 판매자 주소록을 매거진에 넣으면 어떨까 생각이 들었다. 상점의 위치를 표시한 지도를 온라인 버전으로 만들어 쉽게 공유할 수도 있었지만, 종이에 인쇄하는 방법이 핸드폰의 유무, 핸드폰 조작 능숙도, 인터넷 상황 등 여러 변수를 고려하면 안전했다. 그래서 매거진의 지면을 잘 배분해 자리를 만들고, 지도 이미지도 주소록과 함께 넣었다.

내가 제안했던 변화인 만큼 제대로 효과가 있을지 궁금

했다. 매거진이 몇 차례 배부된 이후 영업부 직원들은 매거진뿐 아니라 1년 동안 카탈로그처럼 활용하는 스타일북에도 이 주소록을 추가하자고 제안했다. 이런 반응을 보니 다행히 현장에서도 효과가 있었던 것 같다. 일하면서 무언가 개선점을 찾고 디자이너로서 아이디어를 내서 실현해간 작업이었는데 거기에 반응도 좋았다니. 지금까지 사람들이 원하는 것을 관심 있게 지켜보던 것과 퇴근하고 꾸준히 프랑스어를 공부하던 시간이 빛을 발하는 순간이었다. 꾸준하게 쌓은 만큼 유용하게 써먹는 날이 생기는구나. 어학 면에서도 디자인 면에서도 처음보다 성장했다는 게 실감이 나면서 안심도 되었다.

가발, 더 다양한 제품은 없는 거니?

미국 흑인 가발 시장에는 기본 브레이드 제품부터 헤어피스, 통가발은 물론 이마 헤어 라인과 가르마를 자연스럽게 연출할 수 있는 레이스 프런트 제품도 있는 등 그 종류가 다양하다. 그에 비해 세네갈 시장은 복잡하지 않은 단순한 제품 종류에 머물러 있어 제품 수가 많지 않았다. 다양한 형태의 제품을 취급하면 더 다양한 패키지를 다룰 수 있기 때문에 미국 시장의 브랜드를 구경할 때마다 부러웠다.

여느 분야가 그렇듯, 세네갈의 헤어스타일도 미국의 영향을 많이 받는다. 이번에 미국에서 버터플라이 록스(butterfly locs)가 유행하면서 세네갈에서도 그 유행이 시작되었다. 버터플라이 록스는 록스 스타일에서 조금 업그레이드된 스타일이다. 일반 록스는 빽빽하면서 무게감이 있고 단단해 보이는 반면, 버터플라이 록스는 나비의 날개와 같은 작은 고리가 반복되는 모양에 전체적으로 더 가볍고 산뜻해 보인다. 질감이 한 가닥 한 가닥 균일하지 않아 자연스럽고, 브레이드보다 두피에 자극이 덜하다는 점이 매력 포인트였다.

버터플라이 록스를 연출하는 방법은 두 가지다. 첫 번째는 일반 브레이드와 웨이브가 있는 크로셰 브레이드 제품을 함께 사용하는 것이다. 두 번째는 이미 버터플라이 록스로 만들어진 크로셰 브레이드 제품을 착용하는 것이다.

첫 번째 방법에는 시간과 노력이 많이 들어간다. 먼저 네다섯 시간 동안 브레이드를 땋는다. 일반 브레이드 스타일이라면 여기서 끝이다. 하지만 버터플라이 록스는 아직 반만 완성된 거라 할 수 있다. 자연스러운 질감을 위해 컬을 살짝 푼 다음, 이미 땋아 놓은 브레이드를 심지 삼아 크로셰 브레이드를 둘둘 만다. 이때 얼마나 자연스럽고 예쁜 질감을 만들어 내는지는 미용사의 기술에 따라 차이가 크다. 하나의 스타일을

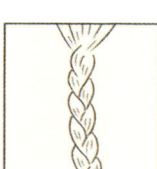  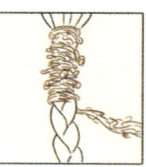 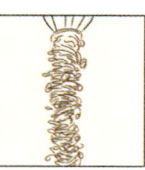

완성할 때보다 시간이 두 배 이상 들기 때문에 긴 머리보다 짧은 단발로 연출한다.

버터플라이 록스는 자연스럽고 사랑스러운 헤어스타일이지만, 시간이 너무 오래 걸린다는 단점이 있었다. 그런데 그것을 단번에 해결하는 제품이 우리 회사에서 출시되었다. 앞에서 말한 첫 번째 방법에서 크로셰 브레이드를 둘둘 마는 단계를 생산 공정에 포함한 것이다. 따라서 사람들이 직접 제품을 둘둘 말며 예쁜 질감을 만들도록 애쓰지 않아도 이미 완성된 스타일의 머리 가닥을 자신의 머리와 연결하면 완성되었다. 어려운 공정이 추가되었기 때문에 생산 과정은 복잡해졌지만, 버터플라이 록스를 아주 간편하게 연출할 수 있었다. 미국에서 유행하면 세네갈에서도 몇 달이 지나 유행한다고 예상하며 버터플라이 록스를 출시했는데 역시나 사람들에게 많은 사랑을 받았다.

버터플라이 록스 크로셰 브레이드는 기존 제품들보다 한 단계 더 발전된 섬세한 제품이다. 이 제품을 출시하며 미래에는 어떤 다양한 제품과 디자인이 나오게 될지 상상했다.

회사에서 만나는 키득키득 순간들

캐슈넛과 캐슈 애플

점심을 먹고 오후에 일을 하는데 외근을 나갔던 영업부 직원들이 돌아왔다. 선물이라며 과일 하나를 받았는데 모양이 요상했다. 마치 작은 사과 위에 캐슈넛을 풀로 붙인 모양이었다. 직원들에게 과일 이름을 물어보니 캐슈 애플이라고 했다. 캐슈? 내가 아는 캐슈는 캐슈넛 뿐인데. 검색해보니 캐슈 열매를 제거한 윗부분만 캐슈넛으로 시중에 유통되고 있던 것이었다. 내가 알던 캐슈넛이 이런 모습으로 자라는구나. 직원들이 캐슈 애플도 맛있다고 하길래 용기내어 먹어봤는데 얼굴이 찌푸려지는 떫은 맛이 내 취향은 아니었다.

그놈의 '인샬라'!

인샬라는 '신의 뜻대로'라는 인삿말이다. 좋은 의미의 말이지만, 회사에서 쓰면 묘하게 다른 의미가 생긴다. 예를 들어 어떤 업무를 금요일까지 끝낼 수 있는지 물어봤을 때 '인샬라'라는 대답이 돌아왔다면 '내가 금요일까지 끝낼지 말지는 신에게 달렸다.'는 의미가 된다. 세네갈 사람들 사이에서는 습관적인 말이지만, 한국 사람이 듣기에는 당황스럽다. 한 차장님은 자신의 부서에서 '인샬라로 대답 금지'라는 규칙을 만들었을 정도니 말이다.

대통령 얼굴을 입은 직원

하루는 현장 쪽을 지나다가 세네갈 대통령인 마키 살(Macky Sall)의 얼굴이 패턴으로 프린트된 옷을 입은 직원을 봤다. 프랑스어로 '마키를 지지합니다(Je vote Macky)'라고도 쓰여 있었다. 충격적인 모습에 깜짝 놀라 허락을 받고 사진을 한 장 찍었다. 디자인이 너무 놀라워 사진을 볼 때마다 짜릿하고 재미있다. 세네갈에서는 천을 사서 옷을 제작하는 경우가 많다는 점을 생각하면 대선 후보 홍보용으로 천을 제작해 사람들에게 나누어 준 게 아닐까 싶다.

어머, 새로 온 직원인가 봐

사무실은 직원 수가 서른 명 안팎으로 적은 편이라 서로 다 얼굴을 알아 두루두루 인사하며 지냈다. 하지만 공장은 직원수도 워낙 많고 새로운 인원 유입이 주기적으로 이루어져 자주 바뀌다 보니 회사에 돌아다니는 동양인을 유심히 바라보는 직원들이 가끔 있었다. 그중 가끔 인종차별적 언행을 하는 사람들도 있었다. 하지만 나는 걱정할 필요가 없었다. 자재부의 만능으로 통하는 술레이만이 그때마다 어디선가 뿅하고 나타나 대신 화를 내주었기 때문이다. 월로프어로 이야기해서 무슨 말을 하는지는 정확히 몰라도 일단 술레이만이 이야기하면 바로 문제가 해결되었다. 팔은 안으로 굽는다고 같은 세네갈 사람 편을 들 수도 있는데 정색하고 내 편을 드는 술레이만이 고마웠다. 인종이 달라 눈에 띄는 것은 어쩔 수 없지만, 같이 출근해서 일하는 동료 사이에서 인종은 크게 상관이 없다. 이곳에서 지내는 시간이 길어질수록 세네갈 사람, 한국 사람 등 국적으로 사람을 판단하기보다 그 사람의 성격으로 서로를 받아들이게 되었다.

아프리카 클리셰, 일부 인정

내 자리는 큰 창문을 등지고 있는데, 창문 밖에는 나무가 듬성듬성 있다. 가끔은 참새가, 파랑새가, 이름 모를 신기하게 생긴 새가 와서 창문을 부리로 두드리거나 창문 앞에서 쉬다가 갔다. 가끔은 더 희귀한 손님도 왔는데 바로 원숭이다. 새가 오면 '으이그, 부리로 창문 좀 그만 쪼아라. 시끄럽다.' 하고 만다. 하지만 원숭이는 다르다. 원숭이는 예상 밖의 동물인 데다가 사무실 안을 빤히 바라보는 게 조금 무서웠다.

원숭이를 볼 때마다 아프리카로 간다고 했을 때 친구들이 했던 말이 생각이 났다. 창문 밖으로 기린이며 얼룩말이며 동물을 보는 것 아니야? 원숭이가 나타나면 언제나 그때 자주 나누었던 아프리카 클리셰가 머리를 스쳐간다.

회사 밖에서는 이렇게 놀아
(3) 나를 위한 영감 충전소

내가 영감을 받고 싶을 때 찾던 작은 서점이나 소품점 몇 군데를 소개해 볼까?

마멜등대 (Phare des Mamelles)

밤이 되면 다카르 어디에서나 등대 불빛을 볼 수 있어. 1864년부터 대서양을 비춘 등대는 현재 등대 박물관과 레스토랑, 바, 공연장, 부티크로 이루어져 역사적, 문화적으로 중요한 공간이 되었어. 하얀 외벽의 검정 철문을 지나면 나무와 꽃이 멋지게 어우러진 앤티크한 인테리어의 레스토랑이 나와. 그 안에서는 창밖으로 다카르 전경이 보여. 점심, 저녁을 좋은 사람들과 함께 보내러 오는 사람들로 레스토랑은 늘 붐비고 주말 저녁에는 음악, 춤 등 매번 다른 다양한 공연이 열리곤 해.

instagram @pharedesmamelles

루루카페 (Lulu Café)

카페 레스토랑이자 갤러리로 가구, 소품, 옷과 가방 등 현지 제품도 구경할 수 있는 곳이야. 다카르 라디송호텔(Radisson)에서 일했던 끌레멍(Clément)이라는 셰프가 운영해. 세네갈 스타일이 가미된 리조토 샐러드, 햄버거 등 특별한 요리를 맛볼 수 있는 곳이지. 바로 옆 상점에는 직접 고른 현지 브랜드의 제품이 전시되어 있는데 재료나, 패턴, 색상이 근사하게 조율된 제품이 가득해 구경하는 재미가 있는 곳이야.
instagram @lulusenegal

미니밥 (Minibap)

예쁜 물건으로 가득한 선물 가게로, 세네갈 고유 패턴 원단으로 만든 제품을 구경할 수 있어. 셔츠, 액세서리, 노트, 액자 등 다양한 제품이 있는데 제일 마음에 드는 브랜드는 카융(Kayoong)이야. 카융은 세네갈 여성의 자립을 지원하기 위한 커뮤니티에서 시작된 브랜드로, 가방, 러그 등 제품을 구매하면 공예 작가에게 판매금이 정당하게 돌아가. 또한 미혼모 가정의 아이에게 학비나 건강 지원도 할 수 있어. 좋은 의미와 시스템을 갖춘 곳이지. 알록달록 꼼꼼하게 땋아 만든 바구니와 가방은 소장할 가치가 있을 정도로 아주 좋아.
instagram @shopminibap

마멜등대

루루카페

미니밥

새로운 스텝으로 나아가다

Chapitre 05

그림으로 담아가는 세네갈

마다가스카르에서 지낼 때부터 그림은 나의 취미이자 놀이터, 안식처였다. 동네를 다니다 오래 간직하고 싶은 순간은 사진을 찍어 두었다가 집으로 돌아가 그림으로 그렸다. 기쁜 일, 슬픈 일, 좋은 것, 나쁜 것 모두 섞인 일상이지만, 내가 좋아하는 장면을 자세히 살펴보고 그 속에 머물며 그림을 그리면 기쁘고 좋은 일만 커지는 느낌이 들었다.

세네갈에 와서도 내가 마주하는 일상의 아름다운 순간을 만끽하기 위해 그림을 그렸다. 하지만 마다가스카르 때와는 좀 달랐다. 전에 지냈던 마다가스카르 안타나나리보는 전반적으로 도시의 채도가 높았다. 건물의 알록달록한 페인트가 멋진 색 조합을 이루며 빛났고, 하늘도 맑고 푸르렀다. 반면 세네갈 다카르는 건물 색이 주로 흰색이었고, 바다는 푸르지만 하늘은 늘 모래 먼지가 낀 듯 흐렸다. 그러다 보니 처음 세네갈에 왔을 때 알록달록 선명한 색감이 취향인 내 눈에 뿌옇고 먼지 많은 거리는 예쁘다는 느낌이 들지 않았다.

그러다 한 달, 두 달 시간이 지나며 이곳 나름의 매력이 눈에 들어오기 시작했다. 그러자 슬슬 그림을 그리고 싶은 마음이 생겨났다. 마다가스카르를 그린 크레용으로는 세네갈의 색감을 표현하지 못할 것 같아, 손에 익은 재료 대신에 건조한 세네갈과 어울리는 색연필로 재료를 바꿨다.

나는 그림을 그릴 때 관찰자의 자세로 그 순간을 온전히 담아낸다. 내 프레임 안에 들어온 인물들의 위치나 자세, 사물의 색을 수정할 때도 있지만, 최대한 사실적으로 그리기 위해 개입을 줄여 완성된 그림을 모두 모았을 때 관찰자로서 내가 드러나도록 한다. 이것이 내 그림의 목표이자 콘셉트다. 그런 그림을 가끔 회사 직원들에게 보여주면 그림이 '동양적'이라거나 색연필로 섬세하게 사실적으로 표현해 신선하다는 감상을 듣곤 했다. 최대한 개입하지 않으며 그리는데도 나라는 사람이 그림에서 드러나는 게 신기했다.

세네갈에서 나는 누가 보아도 외국인이다. 하지만 사람들과 같이 출근하고 퇴근하는 일상을 반복하다 보면 내가 마치 이곳에서 태어나 자라 살아가는 듯한 착각이 든다. 그런 익숙한 기분도 나쁘지 않다. 그렇지만 그 기분에 마냥 젖어 있기보다 외국에서 지낼 시간이 주어진 만큼 탐험하고 발견하며 신선한 기분을 잃지 않고 싶었다. 그런 점에서 그림은 내가 지내는 일상을 관찰자로서 낯설게 바라볼 눈을 가질 수 있게 해주었다.

세네갈을 좋아하는 사람들과
좋아하는 것으로 연결되다

보통 사진을 찍거나 그림을 그리면 가장 쉽게 제작할 수 있는 게 엽서다. 그만큼 흔한데 이상하게 내가 다니는 레스토랑이나 편집숍, 카페나 서점에서 엽서를 본 기억이 없었다. 다카르는 유명 관광 도시는 아니지만, 다카르의 아름다운 풍경을 굿즈로 만들면 좋을 듯했다. 그래서 내 방에 쌓여가는 그림으로 굿즈를 만들어 세네갈을 방문하는 사람이나 이곳 사람들과 우리만 아는 세네갈의 일상 모습을 나누기로 했다. 그동안 그린 그림을 스캔하고 보정해 한국 업체에 프린트 액자, 엽서, 패브릭 포스터를 주문했다. 그리고 한국으로 휴가를 다녀오는 김에 들고 왔다.

이제 이 굿즈들을 어떻게 활용할까? 고민하다가 판매하면 어떨까 싶어 여러 곳에 연락했다. 그렇게 부티크 마멜등대(Phare des Mamelles)를 비롯한 세 곳에 입점하게 되었다. 특히 마멜등대 사장님은 그림이 마음에 든다며 등대를 주제로 한 작업까지 의뢰해 등대의 역사적, 문화적 가치와 이 공간의 다양한 매력을 잘 보여줄 그림 세 점을 새로 작업했다.

굿즈를 부티크 한쪽에 전시하며 내 작업으로 등대와 세네갈을 좋아하는 사람들과 연결된다는 사실에 짜릿한 쾌감을 느꼈다. 단순한 굿즈지만, 세네갈에 사는, 세네갈을 여행하는 누군가에게는 추억이 담긴 보물이 될 수도 있을 것이다.

맛집카페에 자리 잡은 일러스트 굿즈

어쩌면 학교에 다닐 때 일러스트레이션 전공 수업을 택한 것이 디자이너로 향하는 길을 멀리 돌아가게 만들었을 수 있다. 그런데 돌아보면 세네갈에서 나의 안전지대이자 든든한 내 편이었던 그림이 없었다면 디자이너로서 나도 무너졌을 것 같다. 멀리 돌아가는 길도 결국 내가 만드는 나만의 길. '그림'은 돌아보니 나에게 소중한 구슬이었고 하나하나 실로 꿰어 나만의 목걸이를 만들 수 있게 해주었다.

나의 다음 스텝은 어디일까?

첫 직장으로 세네갈에 온 지 2년이 다 되어간다. 이곳에서의 생활도 익숙해지고 좋아하는 일러스트도 그리며 일상을 살아가지만, 마음 한켠으로는 걱정도 되었다. 한국 사회와 멀어져 있다가 언젠가 다시 돌아갈 생각을 하니, 지금까지 흑인 가발 업계에서 일한 경력이 어떻게 한국에서 연결될 수 있을지 막막했다. 전에 근무하던 한국인 디자이너들이 한국으로 돌아가 이직했다는 소식을 다른 사람을 통해 들었다. 그렇지만 그들은 이곳이 첫 직장이 아니었기 때문에 나와 상황이 달랐다. 그래도 다시 돌아보자면 첫 직장에서 디자이너로서 다양한 업무를 하며 프로의 세계에 입문한 건 뿌듯한 일이었다. 또한 인생을 쭉 놓고 보았을 때 한국 사회에서는 경험하지 못했을

독특한 길을 선택한 것에 후회는 없었다.

내가 세네갈에 있는 동안 함께 대학교를 졸업해 한국에서 취업한 동기들은 연차를 쌓아가며 점점 자리를 잡아 가고 있었고, 결혼한 친구들이 새로운 삶을 꾸리는 모습을 보면 부럽기도 했다. 나는 내가 원하는 건 무엇이고, 어떤 일을 하고 싶은지 다시 고민하기 시작했다.

이 회사에 오기 전 당시 나는 취업 준비생이었고 내가 처한 상황과 목표가 세네갈을 선택하게 했다. 그렇다면 지금 나의 상황은 어떨까? 그리고 목표는 무엇일까?

일단 디자인 실력이 여전히 부족하다. 취업 당시 부족한 포트폴리오였지만, 세네갈에서 그래픽 디자이너로 일할 기회를 잡았고 2년 동안 내가 원하던 실무 경험도 쌓았다. 그런데 그 시간 동안 그래픽 디자인 실력이 월등히 좋아졌느냐고 하면 또 그건 아닌 듯했다. 그러자 더 완성도 있으면서 단단한 디자인에 대한 갈망이 뭉게뭉게 피어났다.

결국 목표는 디자인 분야에서 일하면서 디자인 잘하는 디자이너가 되는 것이다. 실력을 키우려면 어떻게 해야 할까? 내가 이 회사에서 계속 일하면 엄청나게 발전할까? 다른 회사에 가서 일하면 실력이 늘겠지만, 어쩌면 의외로 비슷할지 모른다. 조금 더 폭발적으로 실험하고 작업하는 시간이 필요하고 그건 혹시 공부일지도 모르겠다는 데 생각이 미쳤다.

그럼 공부를 이어서 한다면 어디가 좋을까? 한국에도 디자인 분야에서 배울 점이나 좋은 선생님도 많다. 그렇지만 다시 시작하는 만큼 다른 사람들의 시선에서 벗어나 자유롭게 도전하고 싶었다. 나는 열심히 하지만, 지나친 경쟁 속에서는 쉽게 포기한다. 실력 좋은 디자이너, 엄청난 디자인 스튜디오를 보면 '난 저렇게 못 할 거야.' 하며 스스로 부정적인 생각에 짓눌리고 시들시들해질 게 분명했다.

그래서 그 사회에 대해 잘 모르지만, 조금 더 마음 편안하게 도전할 수 있는 당돌한 뉴비(newbie)가 되어보자는 전략을 택했다. 그렇다. 유학을 선택한 것이다.

이제 어디로 가면 좋을까? 그래픽 디자인 유학으로는 보통 미국이나 영국을 많이 간다. 좋은 교육기관도 많고, 보통 한국인이 가장 먼저 배우는 외국어가 영어이기 때문에 다른 언어권에 갔을 때보다 어학 기간을 확실히 줄일 수 있다. 반면 학비나 생활비는 많이 든다. 그럼 나는 분명 그 부담감에 다시 시들시들 마음 편히 지내지 못할 듯했다. 그러다 프랑스는 국립학교 학비가 매우 저렴하다고 알게 되었다. 프랑스어를 할 수 있는 나에게는 최고의 나라였다. 그렇게 나는 퇴사 후 한국에서 프랑스 유학을 준비하기로 결정했다.

첫 번째 회사, 첫 번째 퇴사

사직서를 메일로 보낸 순간의 내 표정을 찍어 둔 사진이 있다. 나름 즐겁게 일하며 다닌 회사였지만, 퇴사가 주는 개운함에 입꼬리가 잔뜩 올라간 사진이었다.

내 퇴사로 다음 한국인 디자이너를 구할 때까지 공백이 생기게 되었다. 내가 처음 입사했을 때처럼 말이다. 물론 마리아마가 있지만, 내가 담당하던 업무까지 모두 마리아마가 맡아서 하기에는 어려움이 있었다. 그래서 마리아마에게 어느 정도 인수인계를 하고 다음에 올 사람이 나보다 덜 힘들게 적응했으면 하는 마음으로 업무 매뉴얼을 꼼꼼하게 만들었다.

드디어 퇴사 날짜가 정해지고 카운트다운에 들어갔다. 그런데 끝이 보여서 그럴까? 남은 날을 기다리는 일이 힘겨

웠다. 자꾸 돌아갈 날만 손꼽아 기다렸다. 그래서 회사에 있는 시간을 어떻게든 즐기려고 노력했다. 집에서 매니큐어를 발라 반짝이는 손톱을 보면서 일하거나 한국에서 가져와 아껴 쓰던 예쁜 펜, 포스트잇 등 문구류도 아낌 없이 쓰면서 일했다. 텀블러에는 커피, 녹차, 새싹보리 등 최대한 다양한 음료를 담아 왔다.

나는 후회를 별로 하지 않는 편이다. 하지만 막상 퇴사를 결심하자 '직원들과 더 친하게 지낼 걸' 하는 후회가 밀려들었다. 세네갈에서 지낸 시간 중 반 이상이 코로나19 팬데믹의 영향을 받았다. 그래서 세네갈 사람들도 가족, 친척 모임을 간소화하는 분위기였고, 세네갈 직원이 나를 초대해도 아쉽지만 거절해야만 했다. 당시는 어느 나라나 그랬겠지만, 세네갈의 모든 병원에 환자가 몰려 아파도 바로바로 치료받기 어려웠다. 그래서 코로나에 걸리지 않도록 회사 밖에서도 모두 조심했다. 그 덕분에 아픈 사람 없이 건강하게 지나갔지만, 코로나19가 아니었다면 사람들과 더 자주 어울리면서 이곳의 문화를 많이 경험할 수 있었을 텐데 하는 아쉬움은 남는다.

뒷심이 부족한 나는 남은 날을 묵묵히 잘 보내자라고 생각할 수 있는 지금이야말로 이런 부족한 점을 고칠 기회라고 보았다. 그래서 마무리하는 날까지 함께 일하는 직원들과 충실하게 업무를 진행하고 나의 일상도 하루하루 알차게 보냈다. 마지막 업무 중 하나는 내년도 달력을 만드는 일이었다. 이 달력을 사용할 때쯤이면 나는 여기 없겠구나. 일하는 동안 공들여 작업했던 모델 사진을 적절하게 배치하며 작업하는데 지난 시간이 차르륵 머릿속에 펼쳐졌다. '이 사진은 야씬이랑 입사 초반에 찍은 사진이네. 모량을 추가해서 조금 더 빵빵하게 머리를 연출했으면 더 예뻤겠다.' '이 사진은 살리랑 찍은 사진이네. 나중에 이 제품 패키지를 바꾸게 된다면 이 사진을 사용하면 좋겠다.'

내가 떠난 이후에는 회사가, 디자인 부서의 일이 어떤 모습으로 이어지고 달라질까? 하나의 프로젝트를 마치고 아쉬웠던 점이 있으면 '다음 프로젝트에서는 더 잘해야지.'라는 생각으로 지금까지 왔다. 끝이 보이는 시점이라 이 회사에서 도전할 '다음 기회'는 없지만, 다음에 내 자리에서 일하게 될 사람이 이어서 이들과 즐겁게 일했으면 좋겠다.

드디어 다가온
마지막 출근 날

결국 그날이 왔다. 2년의 여정을 마무리할 나의 마지막 출근 날이다. 같이 일한 세네갈 직원들은 근속 연수가 10년 이상으로 길다. 세네갈 동료들에게는 나 또한 오고 가는 많은 한국인 직원 중 하나로 점점 기억에서 사라질 것이다. 그래서 사진이라도 남기고 싶어 이날은 내가 좋아하는 원피스를 입었다.

요리 담당 아다마는 며칠 전 나에게 마지막으로 먹고 싶은 메뉴가 무엇인지 물어봤다. 나를 위한 최후의 만찬이었다. 야사뿔레(Yassa Poulet)나 쩨부젠(Thiéboudiène)같은 현지식도 생각했지만 결국 고른 건 아다마표 돼지고기 김치찌개였다. 아다마의 손맛이 담긴 김치찌개는 한국에 가서도 그리울 것 같았다. 그리고 역시 아다마의 김치찌개는 평소처럼 깊고 진했다.

세네갈은 인사와 스몰토크를 많이 하는 문화다 보니 하루에도 몇 번씩이나 인사를 했다. 내가 먼저 평화가 깃들기를 바란다는 의미의 "앗살라무 알라이쿰"이라고 하면 다른 사람들도 같은 의미의 "알라이쿰 살람"이라고 대답했다. 그리고 또 다른 사람이 먼저 프랑스어로 "안녕, 잘 지내?" 하면 "응, 잘 지내. 너도 잘 지내지?"라고 했다. 그런 평소에 주고받는 인사말들에 아랍어로 "신께 감사드린다" "신의 뜻대로"라는 인사말들이 더해졌다. 그동안 리듬감 있게 주고받는 이런 인사말에 기분이 좋았는데 어쩌면 이제는 두 번 다시 경험하지 못할지도 모른다. 함께 일했던 직원들을 찾아가 작별 인사를 나누며 같이 사진을 찍었다. 직원들은 나에게 왜 벌써 그만두냐면서 아쉬워했지만, 프랑스 유학이라는 나의 새로운 도전을 듣고 응원해 주었다.

함께 일한 세네갈 사람 중에는 나랑 잘 맞고 친한 사람들도 있었지만, 지긋지긋하거나 껄끄러운 관계도 있었다. 그런데 헤어질 때가 되니 그들과 함께 일한 만족감이 더 크게 남았다. 아무래도 이해관계로 얽혀 있으면서 충실하게 같이 아등바등 힘쓰고 일했기 때문이지 않을까?

퇴근하고 집으로 돌아와 이제 진짜 집으로 돌아갈 짐을 챙겼다. 2년 살며 늘어난 살림 중에 아직 반짝반짝 상태가 좋은 전자레인지는 중고로 팔고, 한국 음식은 친구에게 주고, 다시 가져가야 하는 것만 챙겼다. 세네갈에 도착한 첫날부터 내 공간을 꾸며주었던 마다가스카르 커튼과 물고기 모빌, 인형과 포스터를 떼어내 캐리어에 담았다.

음악을 틀어 놓고 짐을 싸는데 전화가 왔다. 받아 보니 아까 회사에서 마지막 인사를 못 한 티디안이었다.

"마드모아젤, 집 앞으로 잠깐 나와 봐."

오후에 회사에서 직원들과 인사하며 세네갈 생활이 마무리된 줄 알았는데 티디안이 깜짝 등장하다니. 너무 반가웠다. 티디안이 외근 나가기 전 인사를 나누긴 했지만, 분주한 아침이었기 때문에 2년을 마무리하는 마지막 인사라고 하기에는 아쉬운 작별 인사였다. 그동안 내 옆자리에서 일하며 투닥투닥 다투기도 하고 같이 뿌듯해하기도 하면서 많은 시간을 함께 쌓은 터라 정도 많이 든 친구였다. 출국 몇 시간 전 새삼 얼굴을 다시 마주하니 지금까지 함께한 시간이 머리를 스쳐 지나갔다. 그런데 한창 귀국 짐을 챙기다가 전화를 받고 나간 거라 반갑게 마지막 대화를 나누면서도 머릿속이 계속 분주했다. 바쁘고 피곤한 탓인지 헤어져서 슬프다기보다는 남은 시간 정리할 일이 머리를 가득 채웠다. 늦은 시간이었던지라 티디안도 얼른 집으로 돌아가야 해서 그동안 동료로서 같이 일하며 재미있었다는 이야기와 고맙다는 말을 전했다.

전에 마다가스카르를 떠났을 때도 같이 일하던 직원들과 페이스북 메신저로 한동안 연락을 주고받았다. 그런데 회사라는 공통점이 사라지고 나니 함께 일하던 사람들과 나눌 대화 소재가 사라지는 느낌이었다. 정들었던 만큼 멀어지는 듯한 기분에 슬펐지만, 시간이 지나면서 이 또한 자연스러운 현상이라고 받아들이게 되었다. 어쩌면 이번에도 비슷할 것이다. 각자의 삶의 현장에서 각자의 삶의 무게를 지고 살게 되겠지. 연락처를 갖고 있지만 막상 연락할 일은 없을 것 같은, 그런 마지막이었다. 마음속에는 인연으로 남아 있으니 건강하게 행복하게 지내다가 언젠가 시간이 흘러 다시 얼굴을 보게 된다면 서로 반갑게 맞아주면 된다. 오히려 그게 더 건강한 관계라는 생각도 들었다.

마다가스카르를 떠날 때도 느꼈지만, 내가 이 나라를 다시 방문하지 않는 이상 함께 일한 사람들을 만나기 어려울 것이다. 물론 메신저나 SNS로 근황을 전할 수는 있지만, 언제 또 볼 수 있을지 생각하면 기약이 없다. 이런 생각이 들면 정신이 아득

해진다. 인연이 시공간 속으로 빨려 들어가 별이 되어 사라질 것 같다. 하지만 내가 할 수 있는 일은 그저 모두 각자 있는 곳에서 즐겁게 살기를 기도할 뿐. 인생의 한 조각 시간을 함께한 사람들과 나눈 기억이 오래오래 소중하게 남았으면 좋겠다.

세네갈이 바꾸어준 몇 가지

나는 한국에서 나고 자라 흑인과의 접점도, 흑인 문화를 접할 기회도 거의 없었다. 한국에 사는 흑인이라면 그 사람이 자신의 문화를 소개하기보다 동양의, 한국의 문화를 접하고 받아들이는 양이 월등히 많을 것이다. 이것을 반대로 생각하면 흑인 비율이 높은 환경에서 동양인으로 지낸 나는 그들의 문화를 정말 많이 접하고 받아들였다. 그 가운데 하나가 우리와는 다른 머리카락이나 피부 등 관리법이었고 거기에는 잘 때 쓰는 새틴 보닛(satin bonnet)이라는 부드러운 새틴 재질의 모자가 있다. 새틴 보닛은 오랫동안 착용하는 브레이드 가발이나 붙임머리가 헝클어지지 않도록 유지하는 데 도움을 준다. 그런데 그런 제품을 착용하지 않아도 잘 때 쓰고 자면 마찰이 줄어 머리카락이 상하거나 모발 끝이 갈라지는 것을 방지한다.

흑인의 머리카락은 가늘고 약한데 나도 그렇다. 샤워를 마치고 타월로 머리카락을 비비거나 베개에 마찰이 많으면 머리카락이 쉽게 상했다. 그래서 나도 새틴 보닛을 써보면 달라질까 싶어 현지 숍에서 주문했다. 결과는 대성공. 모자를 쓰고 자니 답답하고 불편하지만, 쓰고 자면 확실히 머리카락이 보호되었다. 신체적으로 다른 점이 많은 두 인종이 연약한 머릿결로 연결되어 배우게 될 줄이야.

내가 한국에서 접한 이슬람은 할랄 음식점이나 뉴스에서 들리는 극단주의자들의 테러 소식 정도로 부정적인 내용이 많았다. 하지만 이제 나에게 이슬람을 떠올려 보라고 하면 기도하는 직원들의 모습, 함께 일했던 동료들이 먼저 떠오른다. 무섭다고 생각하던 과거와 친숙하다고 생각하는 현재가 지금은 균형을 이루고 있다. 그리고 그런 균형이 전보다 훨씬 더 객관적인 시선을 가질 수 있도록 도와준다.

나는 겨울을 좋아하는 사람이었다. 춥지만 상쾌한 공기도 여러 겹 껴입는 것도 좋아했다. 그런데 세네갈에서의 시간이 나의 취향에 변화를 가져다 주었다. 나는 이제 여름이 좋다. 그리고 나중에 바닷가에서 살고 싶다는 막연한 꿈도 생겼다. 차가운 바람이 부는 쓸쓸한 바다가 아닌, 따뜻한 햇빛으로 가득 찬 바다에서 태닝하고 파도치는 물결을 보며 숨을 고르던 지난 2년의 주말이 나의 취향이자 꿈으로 자리 잡았다.

세네갈에서 지내며 디자인 그리고 디자이너로서의 경력에도 욕심이 생겼다. 일러스트레이션 말고 내가 디자인도 좋아하는 사람이라는 것을 깨달았다. 사회에서 디자이너로 일한다는 것도 마음에 들었다. 아무 경험도 없었을 때는 불안했지만, 이제는 낯설고 먼 곳에서 열심히 일한 경험이 나 스스로를 떳떳하게 만들어 준다. 그리고 여기에서 앞으로 더 쌓아갈 디자이너로서의 시간을 기대하게 된다.

프랑스에서 마주치는 세네갈

세네갈 생활을 정리하고 나는 지금 프랑스 리옹에서 다시 디자인을 공부한다. 당시 고민하며 생각했던 대로 새로운 문화권 안의 뉴비로 당돌하게 도전하고 실험 중이다.

지난겨울 크리스마스 방학에 파리로 여행을 다녀왔다. 여기저기 구경하다 세네갈에 있을 때 지도 애플리케이션에 저장해 둔 거래처 가발 가게가 떠올랐다. 그 가게에 가볼까 싶어 스트라스부르생드니(Strasbourg Saint-Denis)역에서 내렸다. 가게로 향하는 큰 길가에는 세네갈의 향수를 불러일으키는 흑인 뷰티 코스메틱 가게가 쭉 늘어서 있었다. 두근두근하며 거리를 걷다가 천장에서부터 바닥까지 다양한 가발이 선반에 진열된 거래처 가게를 발견했다. 그런데 막상 문 앞에 서니 이미 퇴사한 내가, 거래처와 직접적인 관계도 없던 디자이너인 내가 인사해도 될까 걱정이 되었다. 그래도 마감이 가까운 저녁시간에 손님이 없을 때 내가 잠시 등장하면 마감까지 시간도 금방 가고 나쁠 건 없지 않을까 하는 마음으로 용기 내어 들어갔다. 흑인 가발을 판매하는 가게인만큼 사장님은 동양인이 들어온 것에 의아한 눈치였다. 그래서 얼른 나를 소개하며 인사했더니 반갑게 맞아 주었다. 짧은 인사를 나눈 뒤 가게를 나와 앞에서 사진 한 장을 찍었다. 세네갈에서 지낼 때 지도 애플리케이션에 '가고 싶은 장소'로 체크해둔 곳을 이제야 방문했다. 오랜 버킷리스트 드디어 달성!

가게에서 나와 걷는데 다른 상점에는 내가 패키지 디자인한 브레이드 제품이 쇼윈도에 전시되어 있었다. 그걸 보고

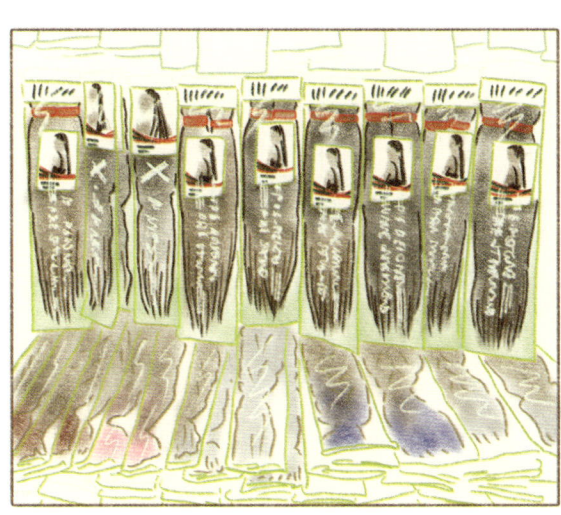

파리에서 마주친 내가 디자인한 제품

기념품으로 하나 사야겠다 싶어 가게에 들어갔다. 제품을 고르는데 행잉 태그 줄이 원래보다 조금 길게 묶여 비닐 백의 프린트와 태그가 겹쳐 있었다. 그 모습을 보고 '에이, 이렇게 겹치게 포장하면 안 되지.' 하며 자연스럽게 생각하는 내 모습에 속으로 킥킥 웃었다. 공장에서 원사를 가공하고, 고무줄로 묶고, 색상 스티커를 붙이던 부서 사람들이 새록새록 떠올랐다.

한 팩을 손에 들고 나와 조금 더 걷다 보니 이번에는 헤어 살롱 외부 벽에 내가 촬영했던 모델 사진이 붙어 있었다. '시라, 네가 여기서 왜 나와?' 그런데 원래 착용했던 브레이드 색상을 포토샵으로 바꿔 놓아 어색했다. 시라 옆에는 내가 자주 참고하던 미국 브랜드의 모델 사진이 있었다. 인터넷에서 예쁜 사진을 모두 모았군. 내가 작업한 사진이 마치 길거리

살롱 벽에서 발견한 모델 시라

'명예의 전당'처럼 느껴지는 살롱 벽에 전시되어 재미있었지만, 의도하지 않은 곳에서 사진이 사용되는 모습은 찝찝했다.

프랑스에 있을 때 가까운 유럽 국가 여행을 많이 다니라고 들었다. 그런데 나는 아직 아프리카가 더 궁금해 프랑스와 가까운 아프리카 여행을 알아본다. 동아프리카로는 마다가스카르, 서아프리카로는 세네갈을 가봤으니, 이번에는 북아프리카로 튀니지에 가보려고 한다. 이슬람 문화권의 영향으로 장식이 화려하고 구조가 독특한 튀니지 스타일의 건물 안에서 식사하고 커피를 마시고, 일반 밀가루보다 굵고 거친 스물(semoule)로 만든 빵도 먹어보고, 튀니지에서 바라보는 지중해의 색은 어떨지 확인하는 게 목표다.

프랑스에서 다양한 문화권의 사람들과 함께 지내며 '문화라는 게 뭘까?' 생각한다. 고유의 생각하는 방식, 생활하는 방식에서 오는 다른 점이 벽을 만들 때도 있지만, 다르기 때문에 더 재미있다. 마다가스카르에서는 현지 문화를 무조건 존중하면서 받아들여야만 한다고 생각했는데 세네갈에서는 내 나라 문화와 세네갈 문화가 일터에서 공존하는 경험을 했다. 이제는 나의 소중한 문화와 다른 사람의 소중한 문화를 적절하고 재미있게 섞으며 근사한 퓨전 음식 같은 디자인을 하는 것이 목표다.

회사 밖에서는 이렇게 놀아
(4) 내 옷장 속 세네갈

여행이 끝나면 기념품이 남듯 나의 세네갈 생활이 끝나고 남은 게 있어. 그중에서도 내가 좋아하고 지금도 잘 쓰고 있는 가방을 자랑해 볼까 해!

① 파란색 손가방

먼저 처음 소개할 가방은 미니밥(Minibap)에서 산 카융(Kayoong) 손가방이야. 뜨개 가방처럼 천을 두꺼운 실처럼 떠서 만들었어. 가방마다 색이 다르니까 세상에 하나밖에 없는 가방이라고 볼 수 있지. 사실 사기 전에는 이걸 언제 쓸 수 있을까 고민했어. 크기도 작은 데다가 어깨 끈도 없어서 늘 손으로 들고 다녀야 하는 가방이었거든. 하지만 결국 고민 끝에 '집에서 장식으로만 쓰게

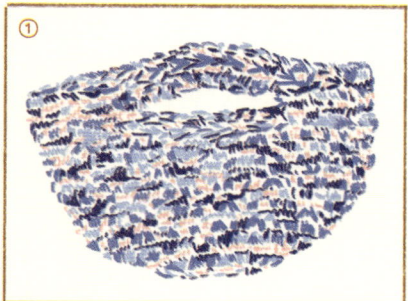

되더라도 사야겠다.' 하고 샀어. 근데 막상 있으니까 퇴근하고 집 근처로 맥주 마시러 갈 때나 간단하게 밥 먹으러 갈 때 자주 쓰게 되더라고!

마다가스카르에 있다가 한국으로 와서 느낀 게 있어. 마다가스카르에서 예뻐서 샀던 공예품인데 막상 한국으로 가져오니까 이전만큼 안 예뻐 보였어. 아무래도 공예품은 마감이나 섬세함에 따라 다른 공예품과 차이가 나기 마련이잖아. 물론 하나하나 소중한 공예품이지만, 환경이 바뀌면 주변에 있는 다른 물건과 비교가 되더라고. 그래서 이번에 세네갈에서는 내가 한국으로 가져가서도 나의 애정이 줄어들지 않을, 매력적인 물건만 사보기로 했어. 이 가방은 한국으로 돌아가서도 가볍게 외출할 때 들곤 했는데 친구들이 이 가방을 칭찬할 때마다 뿌듯했어.

② 새 그림 패턴 에코백

세네갈을 포함해 많은 아프리카 나라에서는 왁스 천을 옷이나 생활용품을 만드는 데 사용해. 왁스를 먹여서 빳빳한 질감이 특징인데 보통 화려한 패턴이 인쇄되어 있어. 패턴과 색상이 다양한 만큼 내가 원하는 디자인을 고를 수 있지. 근데 나는 특유의 빳빳한 느낌이 조금 어색하더라고. 그래도 색감이나 패턴은 너무 예뻐서 구경하는 재미가 있었어.

내 가방에 있는 새 그림은 왁스 천에서 자주 보이는 대표적인 패턴 중 하나야. 이 가방은 선물받은 건데 다행히도 빳빳하지 않은 천에 왁스 천 패턴만 인쇄되어 있었어. 어깨 끈이 조금 길어서 위쪽을 살짝 묶어서 쓰는데 그 매듭이 새의 꼬리 같기도 하고 나름 귀여워서 마음에 들어.

하루는 프랑스에서 이 가방을 들고 버스를 탔는데 왁스 천으로 만든 에코백을 들고 있는 사람을 발견했어. '당신도 왁스 천의 예쁨을 아는군요!' 혼자 속으로 반가워했어.

③ 머스타드색 노트북 가방

다카르에서는 종종 다카르파머스마켓(Dakar Farmers Market)이라는 주말 장이 열리곤 해. 직접 재배한 과일, 채소, 커피부터 수제 가방, 옷 등 다양한 물건을 구경할 수 있어. 여러 브랜드가 나오니까 종종 어디에서 열리는지 확인하고 구경을 다녀오고는 했어. 그리고 운이 좋게도 이 노트북 가방을 파머스 마켓에서 샀지. 가벨아트(Gabel'art)라는 브랜드인데 왁스 천을 활용한 화려한 패턴의 옷과 가방을 판매해. 여러 패턴 중에 고민하다가 머스타드색 바탕에 남색 무늬가 들어간 노트북 가방을 골랐어. 사이즈가 딱 하나뿐이어서 15인치 크기의 노트북도 잘 들어가는지 물어보고 사 왔어. 그런데 집에 와서 노트북을 넣어보니 아슬아슬하게 안

들어가더라. 순간 당황했지만, 가방이 예쁘니까 태블릿 가방처럼 쓰기로 했어. 사이즈는 아쉽지만 안감도 폭신폭신하게 들어 있고, 안쪽에 주머니도 있어 사용하기 정말 편해.

④ 보골란 천 에코백

어느 해 연말에는 다카르의 한 크리스마스마켓에 다녀왔어. 구경하다가 말리 상인 아저씨를 통해 보골란(Bogolan) 천의 세계에 입문하게 되었지. 보골란 천의 특징은 말리의 전통 방식으로 발효된 진흙을 사용해 원단을 염색한다는 점이야. 거친 면직물 위에 패턴이 도톰하게 올라오는 게 굉장히 예뻐. 패턴 종류도 다양한데 건강, 번영 혹은 속담의 뜻을 담고 있어. 그런 만큼 전통적으로는 사냥을 나가기 전에 의식을 올릴 때 쓰거나 태어난 아이를 감싸 보호하는 데 쓰였다고 해.

왁스 천과는 반대로 제한된 종류의 색을 사용하는 게 특징이야. 내 가방처럼 흰색 천 위에 검은색 패턴을 인쇄하거나 그 반대로 검은색 천 위에 흰색 패턴 혹은 황토색 천 위에 검은 패턴과 같은 식이야. 보골란 천은 패턴이 기하학적이고 단순한 만큼 쿠션이나 커튼, 침대 커버처럼 집 꾸미는 데 사용하기 좋아.

보골란 천은 말리의 산(San)이라는 지역에서 처음 만들기 시작했대. 한 지역 안에서 생산되고 소비되었을 천이 그 지역을 넘어 그 나라의 문화로 그리고 더 나아가 국제적으로 예술, 패션, 인테리어 등의 분야에서도 확장되고 재해석되어 사용되는 걸 보면 흥미로워.

⑤ 보골란 천의 변신 가방

이 가방은 티써렁(Tisserand)이라는 다카르의 편집샵에서 샀어. 티써렁은 프랑스어로 직조 장인을 뜻해. 처음 이 가게를 방문했을 때 물건을 하나하나 공들여 구경했어. 가구, 옷, 가방, 주방용품, 생활용품 등 예쁜 물건 천지였거든! SNS에 '서아프리카 지역 최고의 노하우가 담긴 수공예 제품을 소개하는 공간'이라고 적어둔 만큼 티써렁에 있는 제품들은 모두 디자인이 근사하고 돋보였어.

내가 고른 가방은 보골란 천에 낙타 가죽을 덧댄 가방이야. 앞에서 소개한 보골란 에코백이랑은 느낌이 또 다르지? 가죽이 덧대어진 모양도 예쁘고 꼼꼼하고 튼튼하게 마감되어 있어. 전통문화를 현대적으로 재해석한 물건을 보면 디자이너의 중요성에 대해 다시 생각하게 돼. 보골란 천과 같은 문화유산을 지금 시대에 어떻게 재해석하고 신선하게 선보일지 고민하고, 만들고, 내놓는 그 모든 과정이 재미있어 보여.

마치며

디자이너로 향하는 길은 여전히 쉽지 않고

이 글을 쓰고 있는 지금, 나는 원래 계획대로라면 여름방학에 프랑스에서 인턴을 하고 있어야 했다. 하지만 인턴으로 근무할 디자인 스튜디오를 구하지 못해 텅 빈 여름방학을 맞이했다. 갈수록 마음이 조급해 정말 관심 있고 일하고 싶은 분야와는 작업 스타일이 다른 곳에도 포트폴리오와 이력서를 마구잡이로 보냈다. 이런 불안함 속에 놓이자 또다시 흔들렸다. 나는 어떤 디자인을 하며 살고 싶은 걸까?

인턴 대신 얻은 소중한 여름방학을 잘 보내고 싶어 고민하다가 지난 세네갈에서 경험을 글로 쓰기로 했다. 세네갈에서 찍은 사진과 그때 쓴 일기장을 보는데 추억이 새록새록 방울방울 떠올랐다. 은은하기도 하고 강렬하기도 한 기억 사이사이를 걸으며 나를 뒤돌아보았다. 나는 그곳에서 어떤 일을 잘 해냈을까? 어떤 생각을 갖고 일했을까? 그리고 지금 무엇을 얻기 위해 프랑스에 왔을까?

아이러니하게도 인턴 지원하며 수없이 쓴 지원 동기서보다 이 원고를 엮어가며 내가 하고 싶은 디자인이 무엇인지 선명하게 눈앞에 그려졌다. 관심 없는 분야에서 인턴을 하며 방학을 보냈다면 다음 학년을 더 방황하면서 보냈을지도 모른다. 그리고 프랑스까지 와서 얻으려고 했던 목표와는 더 멀어졌을 수도 있다. 흔들림은 매 순간 끝없이 찾아온다. 그때마다 지금까지 경험을 떠올리며 가야 할 곳에 초점을 또렷하게 맞추고 걸어가면 되는구나 생각한다.

프랑스에서도 여전히 그림은 든든한 '내 편'이다. 솔직히 마다가스카르나 세네갈에서처럼 일상의 장면을 그리는 데 많은 시간을 들이지는 못한다. 그래도 학교에서 그래픽 디자인 작업에 일러스트레이션을 접목할 때 그 동안 갈고 닦은 손재주로 콘셉트와 잘 맞는 이미지를 만들어 낸다. 필요한 그림을 스스로 어렵지 않게 만들어 낼 수 있는 것. 이것은 앞으로 디자이너로 일할 때 큰 도움이 될 것이다.

흔들리다 방향을 잡고 목표를 향해 나아갔던 이야기를 이렇게 나누게 되어 기쁘다. 내 글을 읽으며 이렇게 사회에 첫발을 들여 살아가는 사람도 있구나, 이렇게 길을 헤쳐가는 사람도 있구나, 하고 생각했으면 좋겠다. 그리고 이미 저마다의 길 위에 올라 있는 분들에게 흔들리면서도 다시 방향을 잡아가는 선명한 날들이 이어졌으면 좋겠다.

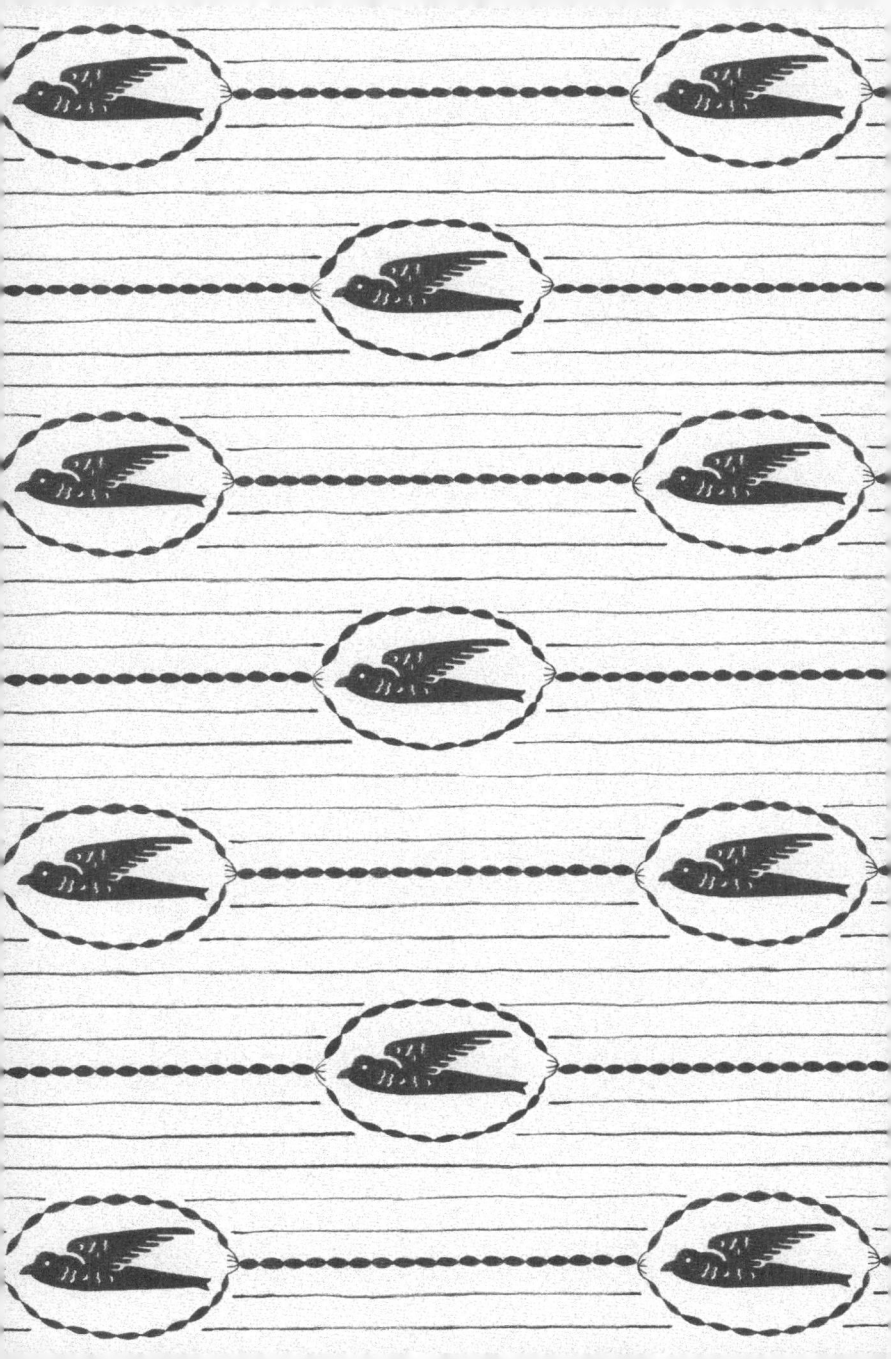

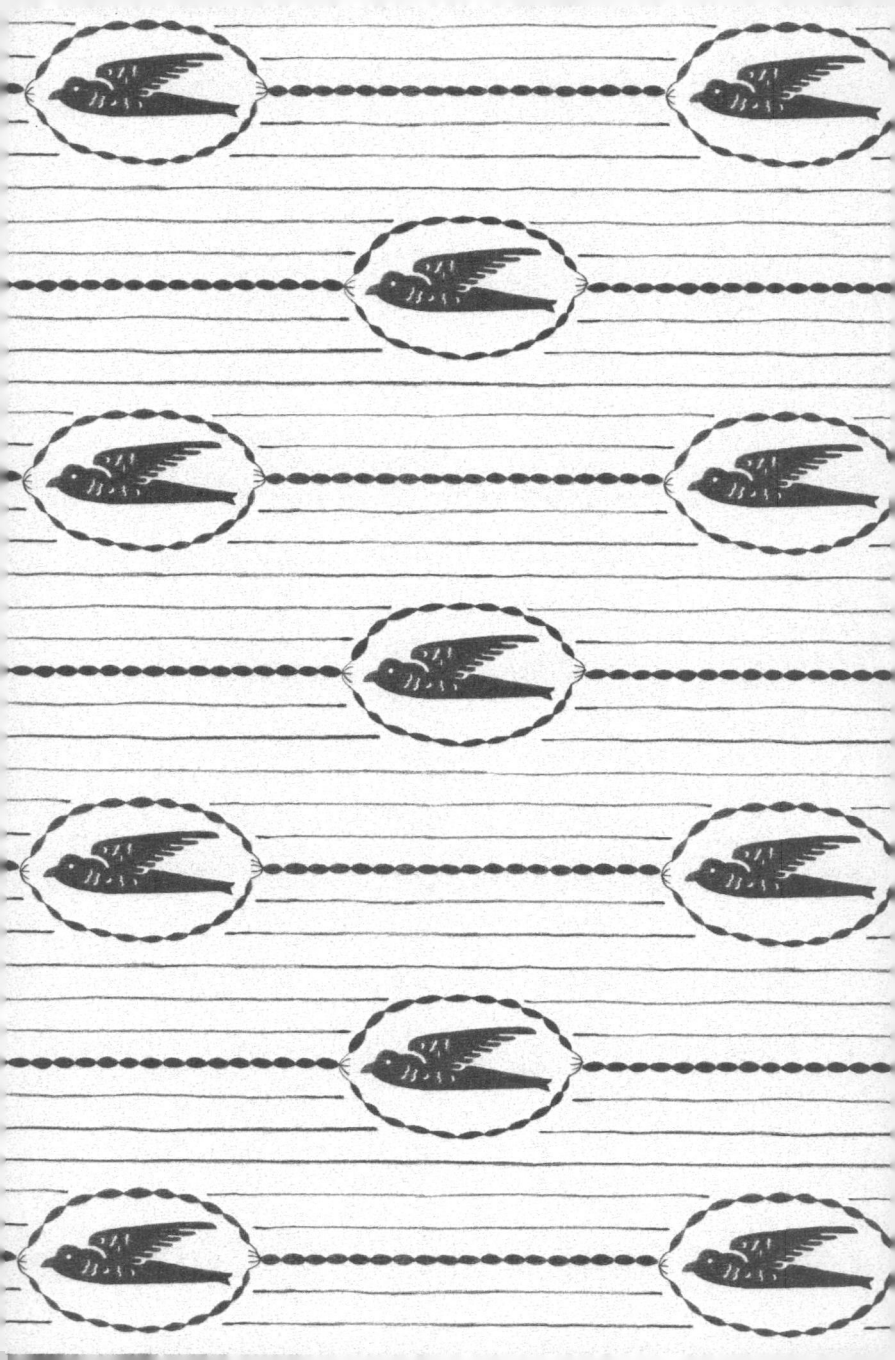